大展好書 好書大展

大展好書 好書大展

趣味心理講座 12

性格測驗⑫

透視你的未來

淺野八郎／著
李鈴秀／譯

大展出版社有限公司

由現在預卜未來的你——前言

不問男女，想知道未來乃是人之共同心理。基於此，人們對於超感覺世界的言語，如：預言、預知，都寄以莫大的關心。

從心理學的觀點來看，預知未來也被視為是件極可能的事。由一個人的思考方式、癖性、習慣等，可推想其未來的行動和狀態。只消看一個癖性，就可以推想此人的過去成長方式，或對現在有何不滿等等。當然，關於將來的模樣，也是能夠予以假定的。

本書分別就「戀愛」、「工作」、「人際關係」、「財運」、「婚姻」五個方向來探討。

希望你在讀本書時，能領會心理學上的解釋。

藉由本書，你可瞭解你未來的樣子，以此做參考，可助你步上幸福的人生。

目錄

第二章　你的工作如何？

●看的出商業上的才幹！

第三章　你的人際關係如何？

●人際關係可以看的出來！

第四章　你的財運如何？

第五章

●光明的未來看的到？
你的婚姻如何？

第一章

你的戀愛如何？

●戀愛的前景清晰可見

人心是善變、難測的。它會因日常生活而現出微妙的變化。

其中最會讓人心起複雜變化的，就是戀愛了。戀人或所思慕的人之一喜一憂，不是也讓你隨之一喜一憂嗎？原因在於，你無法從外表看透對方的心。

但是，只要稍加注意，就可發現，在一些不在意的談話或動作之中，隱藏著你想知道的東西。

問題 1　注意戀人

這是令人心跳的約會時刻。只要是跟他（她）在一起，不管去哪裡，你都快樂的不得了……。但是，且慢！有些問題請你先回答一下。

請問，在約會時，你若有如下的動作，他（她）會現出什麼樣的反應呢？

1 紅燈亮了，你仍邁出腳步時？

①他（她）不出聲的拉住你。
②大叫著：「不能闖紅燈。」
③毫無反應。

2 在外面喝完咖啡或吃完飯時，你把桌上的帳單拿到自己的面前時？

①「我來付」，出聲阻止你。

②不出聲，把帳單拿到自己這邊。

③假裝不知道。

3 看電影時，你若無其事地握住他（她）的手時？

①用力的反握你的手。

②把手抽回。

③任由你握。

4 兩人一起散步時，如果你有意的改變位置，走在他（她）的右側時？

①就這樣繼續走。

②馬上又換到你的右側。
③顯得好像有點不安的樣子。

5

兩人併坐在公園的長椅時，試著蹺起你的腿。如果，他（她）也蹺起腿，是哪隻腳放在上面？

①靠近你的那隻腳在上面。
②不靠近你的那隻腳在上面。
③不蹺腳。

6 兩人相對而坐時，如果你兩手交叉的話？

①他（她）也跟著把兩手交叉。

②兩手不交叉。

③把手放在桌上。

7 搭公車時，你試著在只有一個空位的地方坐下來。如果，離你不遠處也有些空位，他（她）會怎樣？

①就站在你的面前。

②坐到空的位置上。

③「到那邊去」，請你到可以併排坐的位置上坐。

8 如果你一直看著他（她）的眼睛時？

①避開你的視線。

②也一直看著你。
③不好意思的說：「看什麼啦？」

回答 1

預卜兩人的將來

〈解說〉

人唯有在突如其來的狀況下，才會暴露出潛藏在內心的願望。此些行為測驗，所要測的都是無法事先預定的行動，因此，乃是判斷真正性格的絕好材料。

〈診斷〉

根據左表，計算出分數，然後，診斷你的類型。

8～18分……A型

19～29分……B型

30～40分……C型

問題＼答	①	②	③
1	5	3	1
2	5	3	1
3	5	1	3
4	3	5	1
5	1	5	3
6	5	1	3
7	3	1	5
8	1	5	3

〈A型〉

他（她）並不喜歡你，心中潛藏著想拒絕你的心理。你常會因與他性情不合而焦慮不已。一點小事就會引發你倆爭吵，總之，你們對彼此不滿的情緒高漲極了。

〈B型〉

他（她），其實是深愛著你，只是不擅表現自己的心情罷了。由於有著慎重且稍微消極的性格，所以，常易讓你誤解，「他並不是那麼地愛我……」，其實，他（她）只是不擅直截了當的表白自己的愛意罷了。

〈C型〉

他（她），熱情洋溢，表現出沒有你就活不下去的模樣。有時會強制性的干涉你，讓你感覺到他（她）熾烈的愛。在你為之心動的同時，可別失去了冷靜的判斷。

問題 2

向電影畫面挑戰

下面的四張圖，是你曾經看過的電影中的鏡頭。然而，這只是留在你印象中的鏡頭，至於，故事情節，你早已忘了。現在，請指出你最先想起的鏡頭為何？

①熱鬧的夏天海邊的鏡頭。
②有個人在靜靜的房間裡睡覺的鏡頭。
③年輕的情侶邊吃飯邊談天的鏡頭。
④一名女性似在等待誰的鏡頭。

①
②
③
④

回答 2　可以瞭解戀愛的開端

〈解說〉

此四張圖，潛在性的各有如下的象徵：

①社交性、行動力。

②休息、安心。

③滿足感、慾求。

④孤獨、出發。

像如此般的，要將四張性質各異的圖集成一個故事時，放在最前面的圖，往往表示著此人的「動機」。

在此，探查一下你的戀愛開端。

〈診斷〉

把①放在最前面的人

你期望每天的單調生活能有所大變化。有著強烈的自我主張，對戀人會要求種種的條件。喜歡華麗東西的你，可說是個野心家，你所愛慕的人是八面玲瓏、很有辦法的人。

你對自己很有信心，總是積極的與人交往，且會在瞬間陷入熾熱的戀情。

把②放在最前面的人

把此張圖放在最前面的人，潛意識裡，有著想得到安全、安心、穩定的慾求。

把平時一天中最後一幕的「睡覺」擺在最前面的你，是不是在精神上很疲倦？

當你煩惱時，或捲入糾紛時，對你伸出援手保護你的人，成為你的戀人之可能性極高。你也可能因接觸到身邊的人意想不到的溫柔，進而由友情發展為戀情。

不過，把此張圖做為性的表徵的人，在看到異性時，就會有強烈的性期待，且有想要滿足此慾求的心情。

把③放在最前面的人

把男女在交談的鏡頭放在最前面的人，如果是女性，有著想接愛男性命令的意識，如果是男性，就有著想照女性的意思去做的慾求。

開始戀愛時，雖不會有戲劇性的情節，可是，你們彼此也能夠享受到，滿足度高的戀情。

把④放在最前面的人

把意味著寂寞、孤獨、獨立、出發的此張圖，擺在最前面的人，很內向，屬於易躲在自己殼裡的類型。

由於不會對所喜歡的人表達自己的心意，因此，會有一段很長的單相思期。

除非出現欣賞你魅力的人，否則你只好一直等待下去。

而，你對於你以心相許的人，有著強烈的盲從傾向。

問題 3　謎中人物

1　今天早上，你照樣搭著一輛擠的滿滿的公車，趕著去上班。你緊拉著吊環，勉強的站著。當車子煞車時，不曉得是誰，踩了你一腳。你回過頭看時，那人卻一點道歉的意思也沒，還裝著不知道的樣子。

那個人究竟是個什麼樣的人呢？請仔細寫出其容貌。

可能的話，請畫出圖像來。

性別＝＿＿　年齡＝＿＿歲　身高＝＿＿cm　體重＝＿＿kg

服裝＝＿＿　髮型＝＿＿

印象＝＿＿

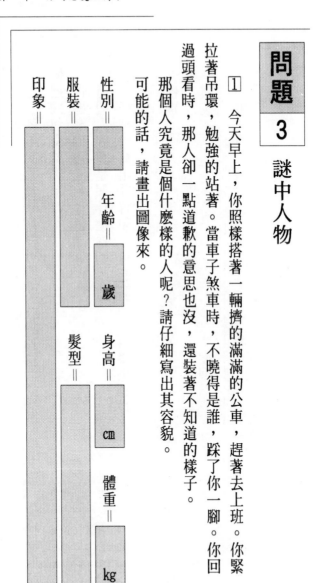

②　當你下了火車，走向月台之際，有個人從後面追上你。「你掉的」，便把錢包交給你。

你感激的再三向他道謝。

這個人究竟是個什麼樣的人？

請仔細的寫出其容貌。可能的話，請畫出圖像來。

性別＝　　年齡＝　　歲　　身高＝　　cm　　體重＝　　kg

服裝＝　　髮型＝

印象＝

印象中1的人的圖像

印象中2的人的圖像

回答 3

顯示出你所喜歡的類型和討厭的類型

〈解說・診斷〉

如[1]般，在要你描述給你壞印象的人之測驗時，你可能在不知不覺中，舉出你傷腦筋的類型，或是你所討厭的類型之特徵。

相反的，像[2]般，是要你描述給你好印象的人時，你就會以喜歡的人物像來表示了。你憑記憶所畫出的人物若為異性的話，那就代表著你所討厭的和所喜歡的異性類型。若為同性的話，多半表示著，將來的你不希望變成「這副模樣」，或者想變成「這種模樣」。

你所畫出的這個人物，跟你周遭的誰很像呢？

仔細看看，也許跟被你視為敵手的人很像，或你暗暗愛慕的那個人很像哩。

問題4　純純的愛？還是……？

女大學生A傍晚到公園散步時，看到有一對背對著她，站在草地上講話的男女。

雖看不見兩人的臉，但從穿著上判斷，那女性跟A的年紀相仿，大約是二十歲左右。

那麼，你認為那位男性是幾歲的人呢？

①未滿二十歲。
②二十～二十五歲。
③二十六～三十九歲。
④四十歲以上。

回答4　你所期待的男性模樣

〈解說〉

當看到一個模糊不清的圖形時，人會出現各式各樣的反應，於此，就可反映出一個人的體驗和性格。心理學家就以此為線索，擬出測驗性格和願望的方法。

在此測驗中，你若把A當成自己，你所選擇的答案，可能就是你所期待的男性模樣。

〈診斷〉

①未滿二十歲

在你的心中，發揮著強烈的「母性本能」，是屬於想對男性「做些什麼」的類型。你喜歡與年輕的男性交往。

具有極大包容力的你，只要男性對你甜言蜜語一番，就會心花怒放。

②二十～二十五歲

現在的你，與其說想要結婚或家庭，不如說只想要充分享受戀愛樂趣或性愛本身。你對男性所持的是對等的意識，因此，你想保持的是彼此不受束縛的關係。

③二十六～三十九歲

對於戀愛屬於一般常識的看法，是有壓抑自己慾望傾向的人。你甚少有熱情洋溢的行動。對男性的看法很實在，追求的是拘於形式的愛情。你有著強烈的想結婚的願望，不過，對結婚對象所要求的條件相當嚴苛。

④四十歲以上

你是一直都懷有少女時代甜蜜夢想的人，你嚮往的是能像父親般保護自己的男性。在性方面相當的不成熟，不喜歡訴求性感的男性。對性有著不潔感和恐懼感。

問題 5

你最喜歡的場所是？

請憑直覺回答下面的三個測驗。

1 你和朋友到一間小酒店喝酒，吧台上已坐有客人。請問，你會坐在哪個位置？

①先來的客人旁的位置＝A

②靠近桌角的位置＝B

③稍遠的位置＝C

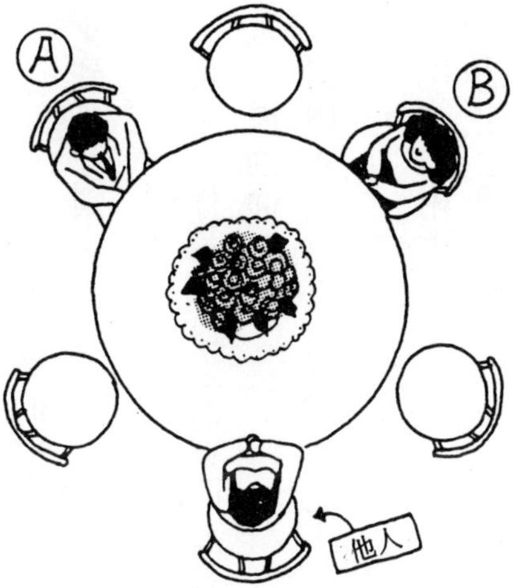

2　你請了很多朋友到家裡吃飯。坐在圓桌旁A位置的是你的戀人，坐在B位置的是你的同性友人。

至於其他的客人都是你的同性友人，你會如何安排他們的坐位呢？

☆男性讀者的朋友，設定為如下三位：

①畫家。

②年輕的實業家。

③受歡迎的演員。

☆女性讀者的朋友，設定為如下三位：

①詩人。

②醫生的太太。

③女演員。

③　三年前離開你的戀人曾和你約定三年後再見面，深信他的你，依約來到了公園。

你的戀人也依約來到公園。

可是，你是從公園的東門進入，對方則是從西門進入，結果，兩人沒有馬上碰到面。

這兩人究竟會在哪碰面呢？

①水池附近……A

②紀念碑附近……B

③小屋附近……C

④餐廳……D

⑤兩人碰不到面。

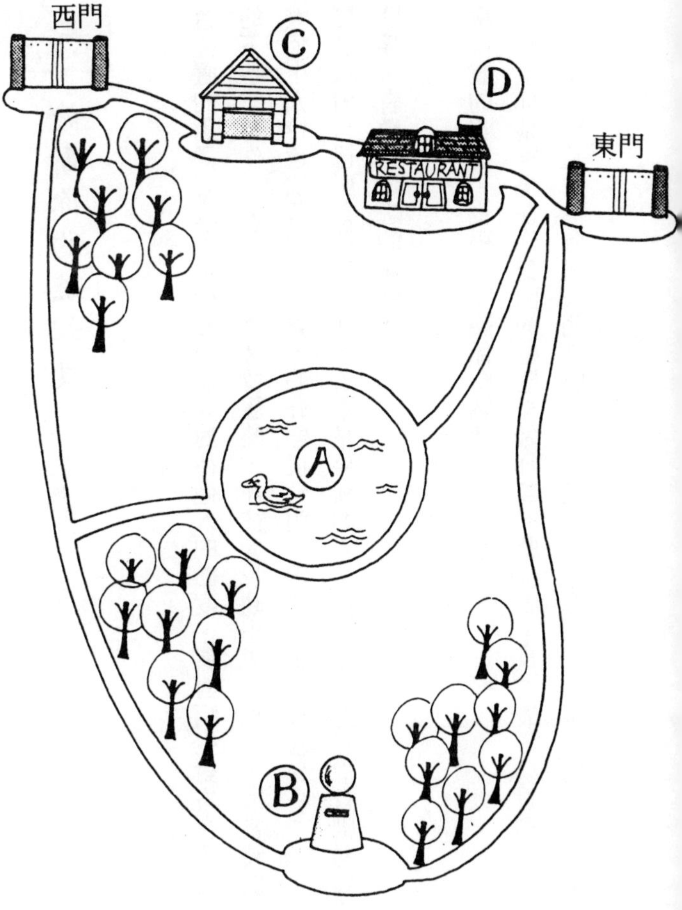
西門
C
D
RESTAURANT
東門
A
B

回答5

診斷你的嫉妒度

〈解說〉

1的吧台位置的選擇方式，是得知一個人對待他人的態度，與對陌生對方有否嫉妒心的線索。人的下意識動作，尤其是在選擇位置時，往往會反映出潛在願望，或當時的內心狀況。選擇離陌生人較遠位置的人，對人的好惡很分明，嫉妒心也比較強。

此種人屬於只對自己所喜歡的人好，若不是喜歡的人，打心底就對其抱有厭惡感的類型。對人際關係，有敬而遠之的傾向。

2的圓桌位置的安排，也跟人際關係有關連。

此測驗，是依你請誰坐在你對面的位置來做判斷。此位置，是你最容易看到，也是離你最遠的位置。換句話說，你會請一個你所憧憬，但不太願意和其太接近的人坐在那。

根據你的選擇，就可判斷出盤旋在你心底深處的「嫉妒心」，或「情結」。

由3，可得知你的嫉妒心是否強烈。

你會積極地幫忙一對戀人見到面？還是多少會給予一點妨礙呢？由此就可知道你的嫉妒心強不強了。

〈診斷〉

參照得分表，算出你的總分，就可診斷出你的類型了。

問題＼答	1	2	3
①	5	5	4
②	3	1	2
③	1	3	5
④			3
⑤			1

3～6分……（A型）

7～11分……（B型）

12～15分……（C型）

〈A型〉

看起來自信滿滿，無所畏懼的你，有著不服輸的個性，當面臨困境時，總是鬥志昂揚，努力地予以克服。

但是，真正的你，對自己卻沒有多大的信心，在你的心底深處，常是忐忑不安的。因此，只要出現一個在各方面都比你稍強一點的競敵時，你就會拼命地想打倒他。

平時自視甚高的你，一旦戀人與異性交談，就會突然陷入歇斯底里的狀態。在你怒不可遏的同時，戀人也會被嚇的離你而去。

〈B型〉

這是所謂的「大人」的人，嫉妒度很正常。頗能控制自己的情緒，不會在他人面前失態。

你很清楚他人，也很清楚自己，很能把握對方和自己的優點。

當然，你也能冷靜的分析人我的缺點，因此，你不會去做無謂的競爭。換句話說，你

……
勝利！

很瞭解自己的能力界限。

不過，一旦出現情敵，你也不會隨便就退出情場的競爭。你會更表現出自己的魅力，努力地打贏這場情仗。

對於見異思遷的戀人，你只會冷言嘲諷一番而已。

＜C型＞

你是個溫和、穩重的人，遇到討厭的事或困難的事時，都會盡量地忍耐。

你不會為了堅持自己的主張而與人起爭執。當然，你更不會因為嫉妒，而與人敵對，做出讓人討厭的事。

但是，像你如此體貼的人，還是會遭戀人背叛。之所以會如此，是因你為戀人設想的太週到了。

他（她）因你沒有絲毫嫉妒之心，而感到些許的不滿足吧。

問題 6

最近的未來，你會如何？

在此，根據現在你的狀態，來預測最近未來的你。

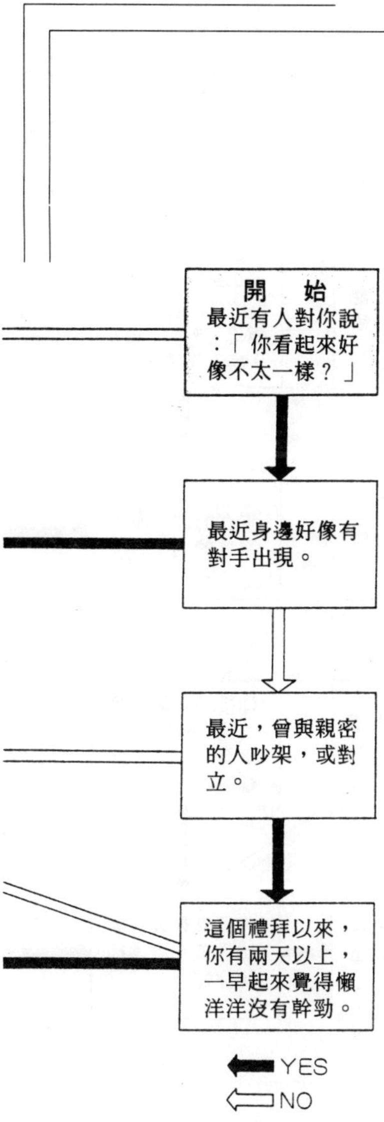

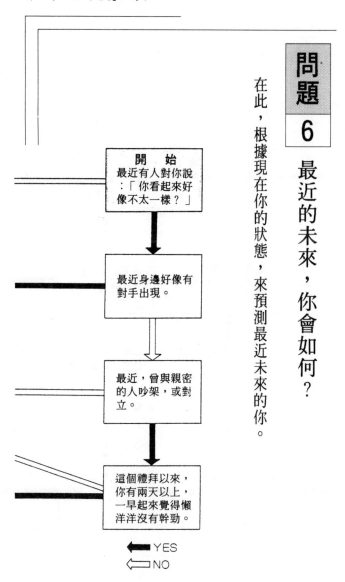

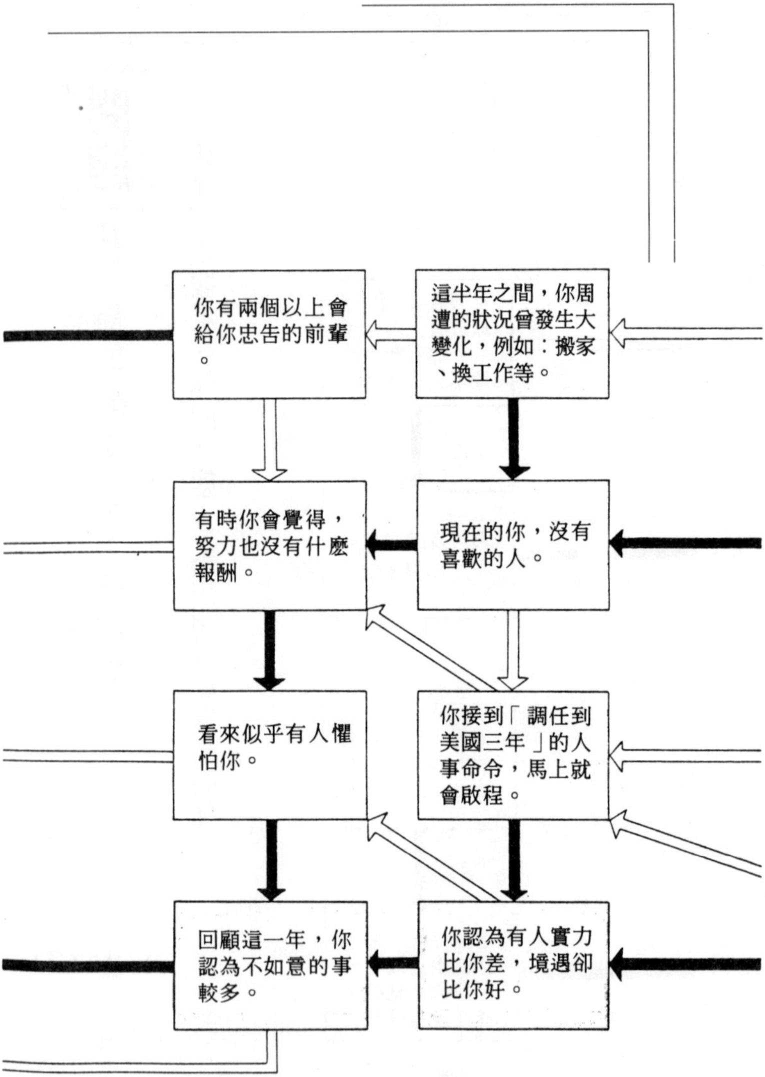

你有兩個以上會給你忠告的前輩。
這半年之間，你周遭的狀況會發生大變化，例如：搬家、換工作等。
有時你會覺得，努力也沒有什麼報酬。
現在的你，沒有喜歡的人。
看來似乎有人懼怕你。
你接到「調任到美國三年」的人事命令，馬上就會啟程。
回顧這一年，你認為不如意的事較多。
你認為有人實力比你差，境遇卻比你好。

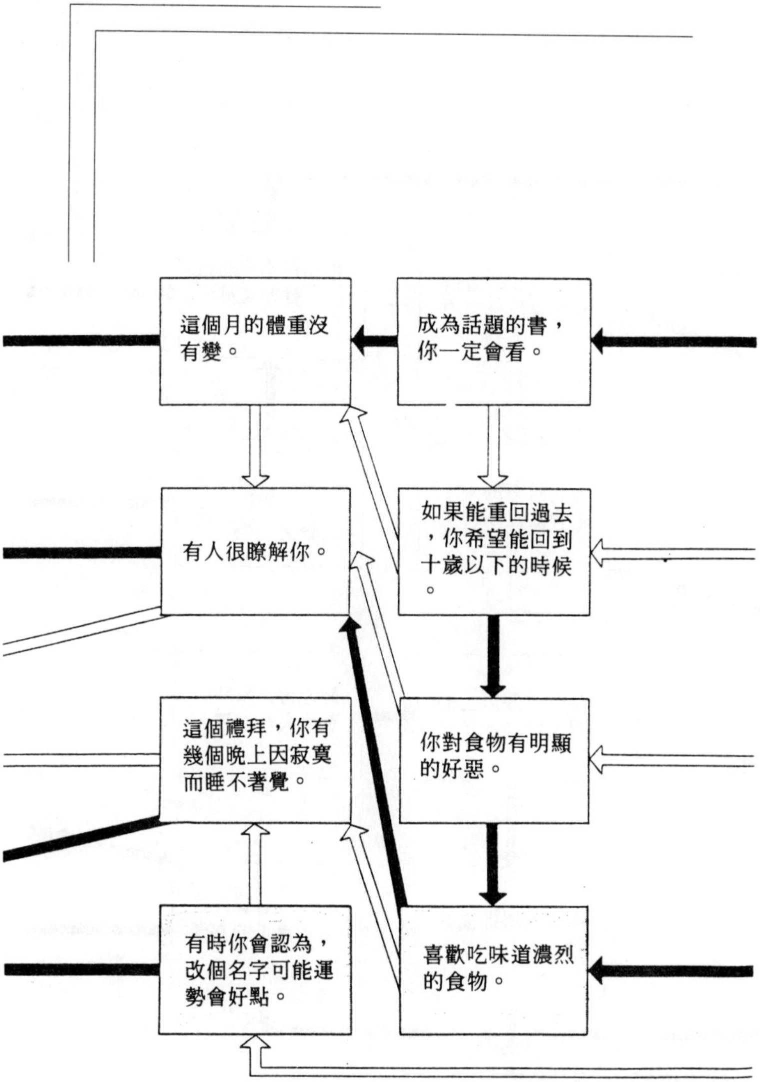
這個月的體重沒有變。
成為話題的書，你一定會看。
有人很瞭解你。
如果能重回過去，你希望能回到十歲以下的時候。
這個禮拜，你有幾個晚上因寂寞而睡不著覺。
你對食物有明顯的好惡。
有時你會認為，改個名字可能運勢會好點。
喜歡吃味道濃烈的食物。

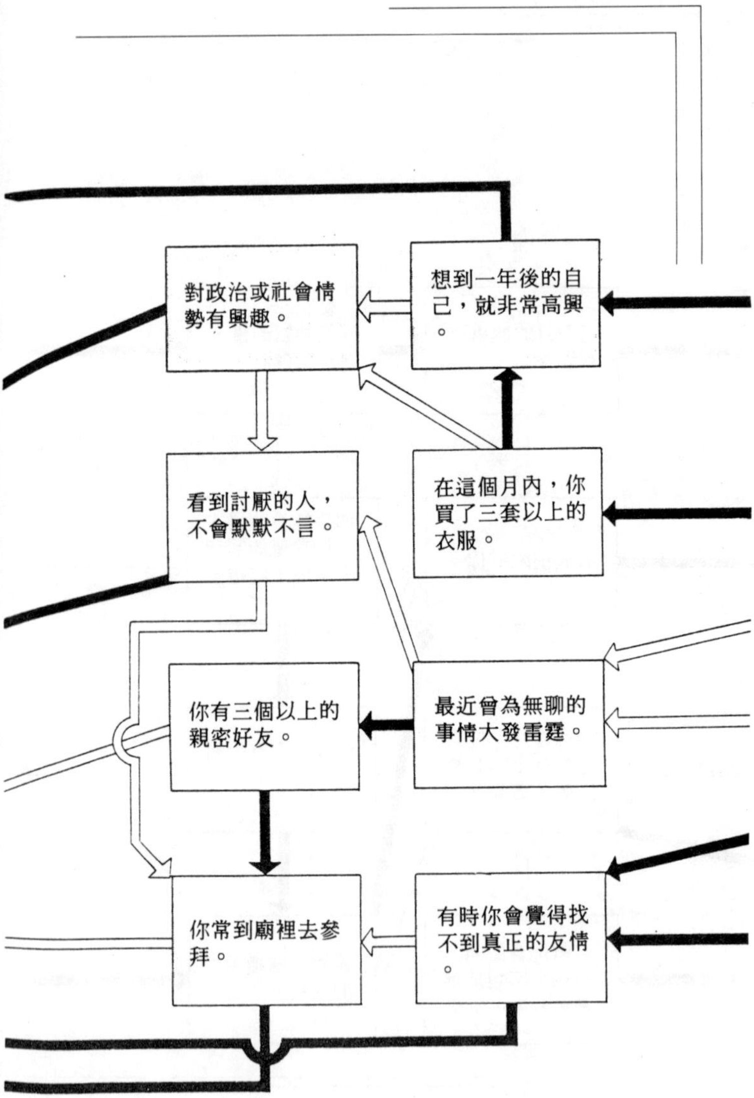
想到一年後的自己，就非常高興。
對政治或社會情勢有興趣。
在這個月內，你買了三套以上的衣服。
看到討厭的人，不會默默不言。
最近曾為無聊的事情大發雷霆。
你有三個以上的親密好友。
有時你會覺得找不到真正的友情。
你常到廟裡去參拜。

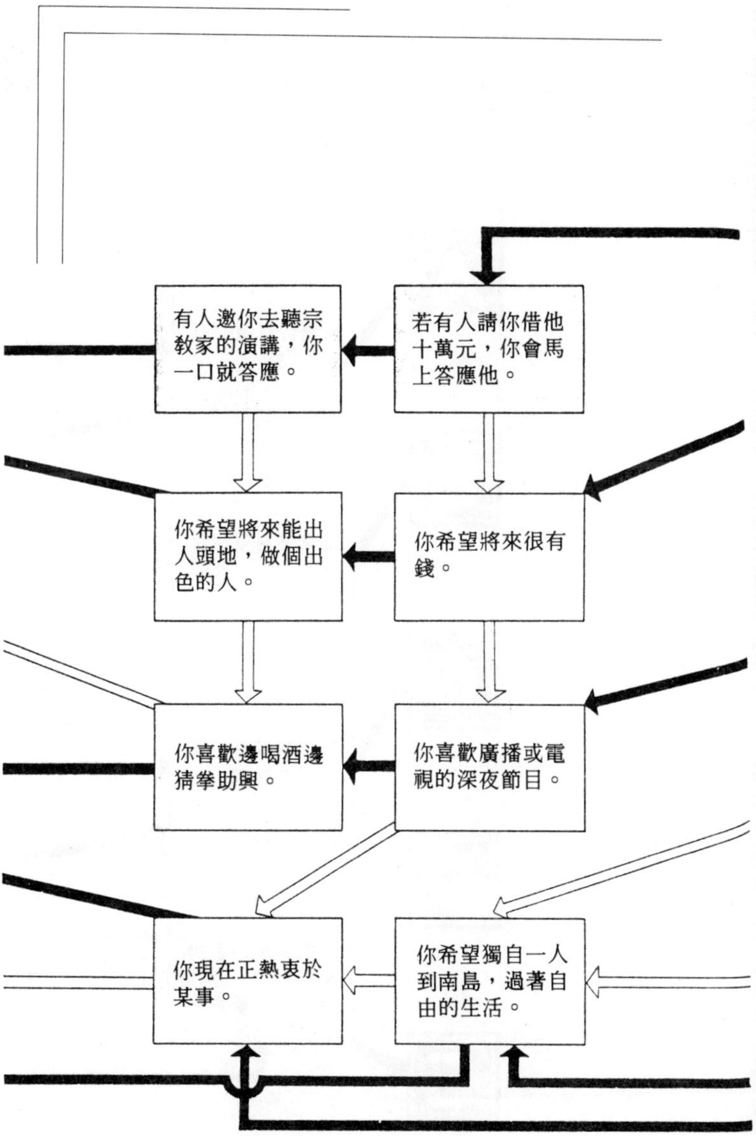
有人邀你去聽宗教家的演講，你一口就答應。
若有人請你借他十萬元，你會馬上答應他。
你希望將來能出人頭地，做個出色的人。
你希望將來很有錢。
你喜歡邊喝酒邊猜拳助興。
你喜歡廣播或電視的深夜節目。
你現在正熱衷於某事。
你希望獨自一人到南島，過著自由的生活。

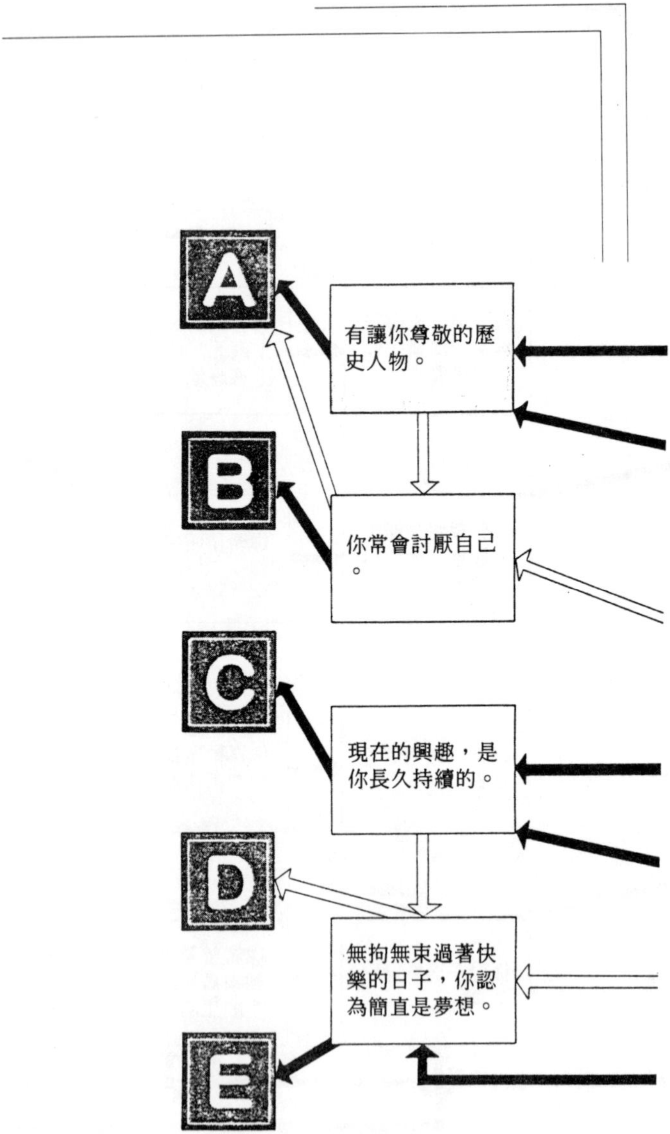
A
有讓你尊敬的歷史人物。
B
你常會討厭自己。
C
現在的興趣，是你長久持續的。
D
無拘無束過著快樂的日子，你認為簡直是夢想。
E

嗯哼

回答 6

一年後，會變成怎樣呢？

〈診斷〉

自己的將來會如何？

知道此的線索有很多，例如：手相、人相、姓名判斷等等。有時候，自己也可以做某種程度的預測。人生是迂迴曲折的，稍不注意，到來的大好機會就會消逝無蹤。

你可知道一年後的你，會變成怎樣嗎？

〈A＝努力就有報酬的類型〉

一年之後，或許會有預想不到的事情發生。尤其是，邂逅或婚姻等與異性有關的事情，會降臨在你身上。

有的人長久以來的單相思會變成兩情相悅，或是得到想像不到的㑷緣。

但是，你可不能什麼也不做，光是等待它的發生喲。一年後的幸運，將是你現在的努力所結的果實。也就是說，必需有你這一年的努力，才會有一年後的報酬。

如果你半途而廢、不堅持到底，那麼，好不容易到來的相會就會逃逸無蹤。

〈B＝會有上昇好運道的類型〉

一年之後的你，雖沒有能讓你清楚感覺到的幸運降臨，但，至少你的生活不會比現在差。現在可說是你運勢不斷上昇的時期。

你的將來並不是浮浮沈沈的，而是一步一步，踏踏實實的向上爬，因此。成果不會馬上顯現，請不要焦急。

為戀人或單相思的對方之態度不明確而煩惱的人，一年後的情況會有所好轉。

例如：現今雖有令你難過的失戀，但對你來說，這反而是能引出好結果的事情。

＜C＝變動激烈的類型＞

雖會發生讓你歡天喜地的事，但，也會出現一些想像不到的事件，讓你煩惱不已。

你預期中的希望會落空，相反的，你沒有預期到的幸運卻會降臨在你身上，總之，那將是激烈動盪的一年。

在人際關係上亦然，不僅沒出現可助你一臂之力的人，反而會出現強有力的勁敵。

在戀愛方面，你所喜歡的人將頭也不回地離你而去，你不太喜歡的人反而對你情有獨鍾。

幸運、不幸運將一波波的交替出現在你面前，如果現在感到「還蠻稱心」的人，得小心了，你可能會在想像不到的地方失足。

＜D＝不太會有變化的類型＞

那恐怕是沒有什麼大變化的一年。

現在，有所煩惱、有所缺憾的人，一年後，持續同樣狀態的可能性很大。

不願再持續同樣狀態一年的人，就有必要努力的改變自己了。
另外，滿足於現在的人，就不必勉強，只要照著現在的步調去做即可。
在異性交往方面，也不會有大發展。努力「維持現狀」乃是上上之策。

＜E＝不太好的類型＞

現在的你，可能很滿足於現狀。

至目前為止，你或許認為一切都還不錯，與自己的方針不偏離，遺憾的是，你若一直保持這樣，那麽，在工作、戀愛、人際關係等方面，都會遇到你想像不到的挫折。

例如：你所信賴的人會背叛你，或喪失信用，或失戀……。總之，煩惱會紛至沓來，甚至有讓你掉入絕望的深淵之危險。

但是，反過來說，你也有機會去認識與之前完全不同類型的朋友或異性。

因此，在此時期內，與其由自己來出擊，不如等待對方的出手。

錯覺遊戲①——專欄

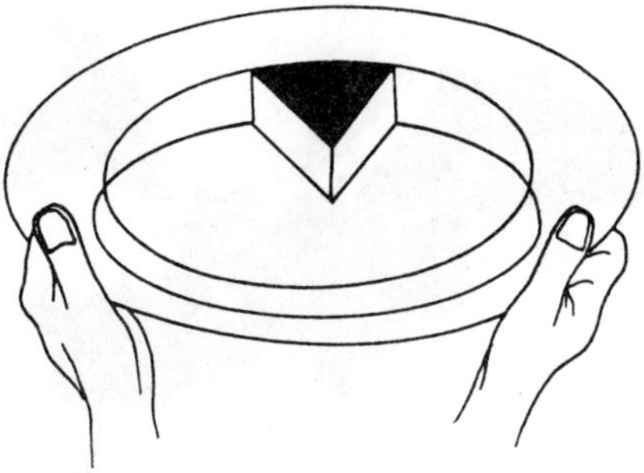

爭奪少數的東西乃是人之常情。

人類的歷史就是不斷的爭奪，真希望無爭的世界早日降臨。

在這兒，有一個盤子，盤中的蛋糕只剩下一塊。但是，且慢。一眨眼間，蛋糕似乎變多了。

你能想出究竟是怎麼回事嗎？

＊　＊　＊

正確解答是：「把本書倒過來看。」

如此一來，就不只剩下一塊蛋糕了，而是只切了一小塊蛋糕的大蛋糕了。

這就是以畫出陰影的方式所產生的錯覺。從立體的某處投射光線的話，就會產生出不同的印象。

現在，請再看看上面的圖形，它看起來像什麼呢？

＊　＊　＊

乍看之下，它像是一大片污漬，其實，任誰看了也知道，它是某種東西的。

正確解答是：「地中海沿岸的地圖」。

依據你把眼光放在白或黑的部分，就會得到完全不同的印象。

看慣的東西亦然，變個方式來看的話，你會意外的看不出它為何物。

第二章

你的工作如何？

●看的出商業上的才幹！

在同一條商店街上，有兩家麵包店。不論是店內氣氛，麵包種類、價格，都完全一樣。可是，一家店每天都是門庭若市，另一家店卻始終是門可羅雀……。這種事在我們的日常生活中是常可見到的。

兩家極為相似的店，為何生意的好壞差那麼多？關鍵就在於，懂不懂得抓住要點來招呼客人，只要肯多花心思，就一定會招攬客人上門。

你的生意成功關鍵究竟為何呢？

問題7　小心你的小動作

你到某公司接洽生意。在會客室與負責人講話時，你不知不覺的又做出亂拍亂摸這壞毛病的動作。

你是碰觸哪個部位呢？

①頭。
②臉。
③肩膀。
④手臂或手。
⑤胸或腹部。
⑥腰或膝蓋。
⑦腳。

回答7　表現出的潛在意識

〈解說〉

觀察一個人在下意識之中，會碰觸身上的哪個部位，就可知道此人的深層心理了。它反映出想被對方撫摸，或想自己撫摸的願望。這乃是人的真心意之一種表現。

〈診斷〉

①碰觸頭的人

用手碰觸自己的頭時，乃表示有著害羞或「道歉」之心情。此種行為多表現在想掩飾失敗，或感到有所責任時……。中年以上的男性做「拍頭」動作時的心情亦然。

②碰觸臉的人

碰觸臉，或嘴巴、鼻子附近，乃表示身體已相當疲倦了。例如：當一個人被迫等待，或對眼前的對方感到不快時，就反覆的用手摸摸嘴巴和鼻子。

你和初次見面的對方在談話時，如果他做出以手摸摸嘴巴，或用手掌掩住嘴巴的動作時，你就識相點，儘快和他結束談話。

因為，此種舉動是對方心中有著「真不想再說下去」或「我好忙」的強烈拒絕你的心情證據。

如果對方用手指摸摸眼尾或眼頭的時候，乃是其心中在想著其他的事情，或心中有所打算的訊號，亦即，此為他正躊躇如何提出結論的時候。

有很多人會做出用手抓抓耳朵，或摸摸耳垂的動作，這多半是在不知如何回答時，做出的舉動。

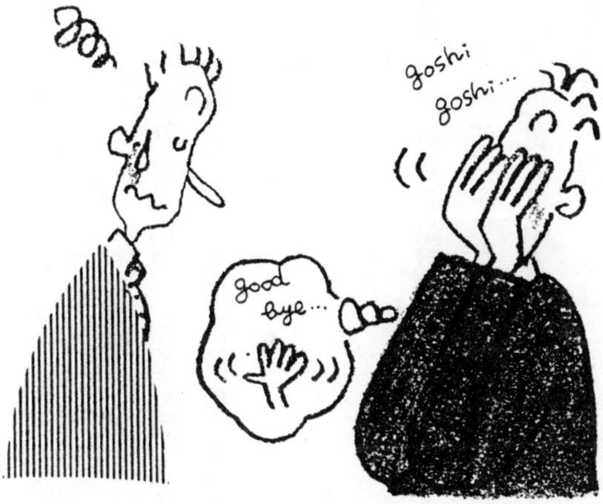

這也是，自己的想法不順利，正處於不安狀態的表現。

③碰觸肩膀的人

當一個人想從厭煩的事情中解放，或想改變氣氛的時候，就會做出用手拍拍肩膀，像要拍落肩上髒東西的動作，或捶捶肩膀的動作來。這是想讓周遭的人，知道自己正努力集中精神於某一事物上，或想讓周遭的人賞識自己的自我顯示的訊號。

④碰觸手臂或手的人

手臂和手，在人際關係上，是把自己的想法和喜好傳達予對方的重要部分。

當一個人寂寞時，會自然的把雙手交叉，或做出一隻手握住另一隻手臂的動作。又，當一個人不同意對方的意見，或有著想批判對方的心情時，也會交叉兩手臂。緊緊地交叉兩手臂，表示有著要把自己更封閉起來的心情，這也表示其對面臨的事情，完全不同意之意。

參加說明會或演習會時，對演講人所講的沒興趣的人，也會緊緊的交叉兩手臂。

⑤碰觸胸或腹部的人

有著強烈「希望被愛」、「希望被撫摸」願望的人，在下意識之中，多半會做出，把手放在自己的胸前，或用手摸摸腹部的動作。換句話說，這乃是一種舉止上的「自慰行為」。

一個人會做出摸摸腹部，或拍拍腹部的動作，多半是在強烈期待讓周遭之人嚇一跳，或想獲得其關心的時候做出。

當一個人想表現自己的力量時，也會做出拍拍胸部，拍拍腹部的行為來。

⑥碰觸腰或膝

一個人用手碰自己腰和膝時，說明了此人正充滿了自信。希望獲得對方的承認，或心情極為焦慮時，也會做出此種動作。當一個人想虛張聲勢時，會把手插入褲子口袋，或手插腰，做出一種倨傲的姿態。

⑦碰觸腳

疲倦時，或想要放鬆一下時，一個人會用手碰此部分，這也是希望獲得上司或周遭之人賞識的訊號。

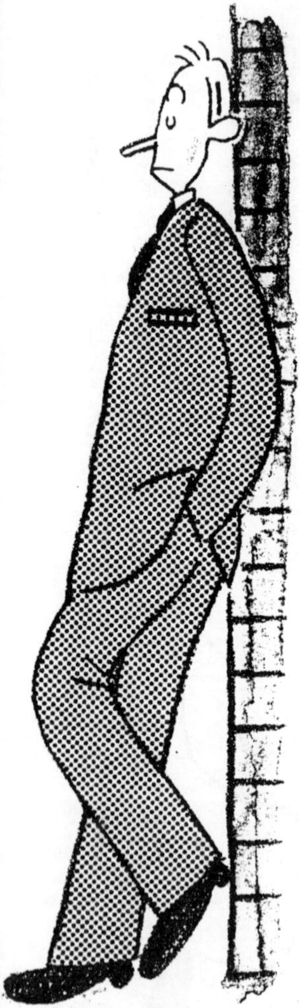

問題 8　不行迷惑！

人生是一連串的選擇。一旦有了迷惑，就會不知如何是好……。

請問，下面的各問題，你會如何選擇？

1　真糟糕！在遭遇一連串的挫折後，你的戀人悲觀的認為：「無法和你結婚」而自殺了。

你在之後會採取怎樣的行動？

①責任感所使，久久無法釋懷。

②跟隨對方之後，也自殺了。

③服喪一陣後，就把此事丟在腦後了。

④考慮遁入佛門。

2 來世，將會投生在令誰都羨慕的境遇中的你。那時，若和現在的戀人重逢，你會怎樣？

①和從前一樣，跟他交往。

②完全無視於他。

③請他喝咖啡，談談過去的事情。

④把現在的（來世的）戀人介紹給他。

3 已分手的戀人，突然進到你的公司工作，你會怎麼做？

①想辦法叫他辭職。

②自己辭職。

③裝作若無其事。

④再約他一次看看。

4　你搭著火車快樂地去旅行。但再過三小時就是中午了，你怎麼處理午餐？

①搭火車之前，先在車站買好便當。
②向車內販售便當的服務員買。
③在途中的車站買便當。
④看當時的心情如何再說。

回答8　表現出你的忍耐度

〈解說〉

1是想像的問題。由想像失去一個為自己喪命的人時所受的傷害，可知此人的忍耐力如何。

2是獲知對寂寞或焦慮的抵抗力之關鍵。

3是可獲知你如何意識周遭之人的眼光，或者，你在人際關係中的忍耐度。也可知道發生糾紛時你的對應態度。

4是可知你如處理「吃」這一生理上的慾求，由如何來滿足此慾求中，可測知你的忍耐力。

〈診斷〉

參照下面的得分表，算出你的總分，就可診斷出你的類型。

問題＼答	①	②	③	④
1	3	1	4	2
2	4	1	3	2
3	2	1	4	3
4	4	2	3	1

4～7分（A型）

8～12分（B型）

13～16分（C型）

＜A型＞

在你的周遭，甚少有讓你焦慮的事。

所謂的焦慮，是當情緒受到妨礙時，所產生的一種反應。不過，像你這種，老實照著自己心裡所想的去行動的人，就不太可能會有焦慮的情形發生。

你不會想的太多，高興時、討厭時，都會明顯的表現於外。你是那種被上司責罵，會在眾目睽睽之下大哭的人。你就像幼兒般，很坦率、直截了當的表現出自己的喜怒哀樂。

另外，你的忍耐力也只有幼兒般的程度。

你很天真無邪，但是，你那隨興所致的言談舉止，卻很讓周遭之人厭煩，因而，對你多半很冷淡。你有必要在人際關係上，表現更成熟一點。

＜B型＞

與人交往時，你是是非分明的人，很清楚自己該做與不該做的事。例如：對上司有所主張時，你會不畏懼的說出來，就算不好啟齒的話，也會在不傷害對方的情況下，冷靜的把話說清楚。又，高興的時候，你也會坦白地把你的喜悅表現於外。

總之，你很懂得把握與人交往的訣竅，及與自己的心交往的訣竅。因此，你不會任性胡來，但也不會讓自己過份受委屈。

當然，你也會有感到煩悶、焦慮的時候。這時的你，千萬別自己生悶氣，應找個人傾吐、商量一番。

＜C型＞

你最討厭不合道理的事。又，你打心底輕蔑愛感情用事的人。

你不會用嘴巴或態度，表現出你的焦慮和怒憤。你會咬緊牙地忍耐下來，裝出什麼事也沒有的樣子。

由於你很討厭捲入糾紛中，所以，凡事你都會加以忍耐。

你可說是忍耐力極強的人，可是正因為如此，在不知不覺中，你所承受的精神壓力就相當的重。

尤其在生意方面，不是任何時候都該妥協的。所以，有時應直接表現出你的心情較好。

問題 9 猛然一見的測驗

看著下面的圖，回答[1]～[6]的問題。

[1] 請看河上的兩艘船。

船要駛往橋的方向，你認為之後會如何呢？

①通過橋下繼續前進。
②碰到橋。
③回頭。

[2] 請注意隧道。

路上有一輛車子，這輛車是要駛入隧道，還是剛從隧道駛出？

①剛駛出隧道。
②正要駛入。
③不知道。

3　你認為此女子正在做什麼？

①眺望美麗的風景。
②正在想水有多深。
③正在尋找不知到哪去的朋友。

4　請看岩石山。

來到這座山前，你想，你所說的第一句話會是什麼？

①「好險峻的山崖。」
②「看起來好像一張人臉。」

③「看起來好像誰的背影哦。」

5 如果要你為這個地方取個名字，你認為下面的哪一個最合適？

①迷失之鄉。
②夢幻之鄉。
③惡魔之鄉。

6 在這幅畫之中，下面的哪一樣給你的印象最深刻？

①橋上的女子。
②岩石山。
③兩艘船。

回答 9

發現你隱藏的才能

＜解說＞

此測驗是要測知你的隱藏才能。

未發現自己才能的人意外的多。一項未被充分應用的才能，實不具任何意義。若能從本測驗中發現到，以往從未注意到的新的自己時，請趕快磨勵自己的才能吧。

＜採分・診斷＞

回答1～6的問題後，請參照下表，算出你的得分。

答＼問題	1	2	3	4	5	6
①	1	1	5	1	3	1
②	3	3	1	3	5	3
③	5	5	3	5	1	5

6～11分……＜A型＞
12～17分……＜B型＞
18～23分……＜C型＞
24～30分……＜D型＞

〈A型＝具有充分的領導素質〉

你應有在群體之中，不知不覺地成為衆人拜託及請教的對象之經驗吧。這乃是因為，你具備了領導的素質。

在突發狀況下，你仍不失判斷力和勇氣，因此，頗讓大家信服，頗吸引人。愈是委你重責的工作，你愈能發揮實力。如果在以往，並不是很突出的人，此後，儘可以對自己充滿信心，積極的發揮你的才能。

〈B型＝活力充沛的行動力是魅力所在〉

凡事你都不會積極的立定各種計畫，你求的是，馬上實行並且馬上得到大成果。

若無法立見成效，你就會焦躁不安，因此，你不適合做坐辦公桌的工作。你較適合做業務外交、營業人員等，有挑戰性的工作。

再忙的工作，只要你喜歡，你會不惜投入時間與精力於其中。

〈C型＝條理井然的學者〉

你能對事物予以詳細的分析，是具有傑出判斷能力的人。

在研究、分析的領域內，尤能發揮你的才能。

你就是所謂的「頭腦清晰」的類型。另外，你因具備綜合性的判斷力，所以，在組織之中適合在管理部門工作。

你也有極佳的處理事物的能力，你的慎密度及持續性，獲得極高的評價。

〈D型＝頭腦很靈光的人〉

你有很獨特的感性，能發揮他人想不到的幻想力和獨創力。

你的第六感很敏銳，行動上常是跟著自己的感覺走，因此，有時讓人覺得頗任性的。

但是，若能獲得知音的協助，就極有可能在與藝術有關的方面獲致成功。

有時候，你也具有像靈媒者般的超感能力。

C
A
Leader
D
B

問題 10

來個聯想測驗如何？

你看下面的各圖形會聯想到什麼，請選出最近似於你的答案。

a、維他命
b、青森
c、威廉・泰爾

a、教會
b、電線桿
c、長崎

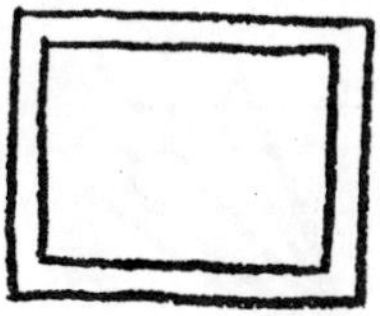

a、錄影機
b、電腦
c、新聞方塊

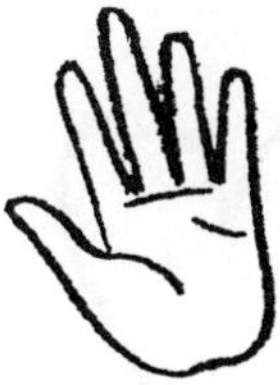

a、禁止進入
b、道具
c、占卜手相

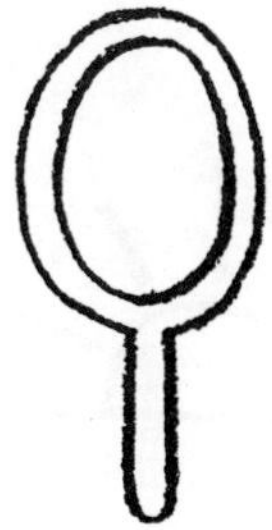

a、美人
b、化妝
c、白雪公主

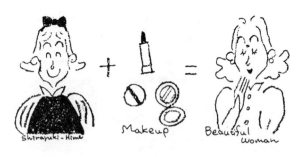

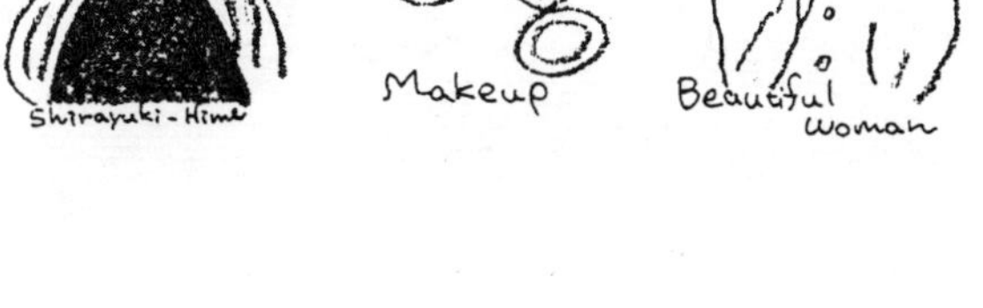

a、早晨
b、希望
c、夏之海

a、戀愛
b、撲克牌
c、巧克力

a、忘記的東西
b、雨
c、風衣

a、雞
b、蛋捲
c、哥倫布

a、測驗
b、信號
c、疑問

回答10

可知你的感性度

〈解說〉

縱使看的是同一圖形，也會因各人的喜好、創造力等的不同，而有截然不同的感受性。有看了圖後就直接回答的人，也有回答一般人所想不到的答案的人，這應與所謂的「個性」有關。不過，本測驗是要檢測你的感性度，與你的適性。

〈採分・診斷〉

你所聯想到的東西之得分是：a＝1分，b＝2分，c＝3分，請算出你所得的總分。

10～14分……（A型）
15～19分……（B型）
20～24分……（C型）

25～30分……（D型）

〈A型＝感性度20〉

你對美感或藝術性的感受性不高。尤其是對美術、音樂等，需要個性和靈感的領域，很不在行。

相反的，對事物做直接且客觀的確實判斷能力卻很強。只要擁有技術和資格，就能發揮你的才能。

〈B型＝感性度50〉

你具有非常標準的感性度。你對美的感覺、音樂的感覺很一般化，能充分享樂興趣，常有獨特的構思，不過，對於需要表現個性的工作，就有力不從心的感覺了。你的成果是不斷努力得來的，而非一蹴可幾。

購物時，你是以經驗和知識為基準來選擇物品，而非憑著直覺。

＜C型＝感性度70＞

你具有特殊的感受性和感覺，能選出最美的東西及抓住新的訊息。

不過，你的表現力卻有問題，因此，多半的情形是，無法活用你的感受性。

所以，你與其做個藝術家，不如做個提供他人意見的幕僚者。

＜D型＝感性度90＞

你有超強的靈感，及敏銳的感受性。在藝術領域內表現很傑出。你可說是個具有神秘力量的人。

你能活用獨特的構思與獨創力，因此，適合做個畫家、插畫家、作家、詩人、服裝設計家……，

總之，你在與藝術有關的方面，得以發揮才能。

問題 11　究竟忘了什麼東西？

這裡是擁擠、吵雜不堪的S站月台。車門「嘶」的一聲關上了，電車緩緩的啟動……。這時，剛從這輛電車下車的某男性，突然叫道：「唉呀！忘記了！」他似乎把什麼東西遺忘在剛剛坐的那列車上。

請問，他究竟忘了什麼東西？

①重要的文書類。
②傘。
③出差時買的土產。
④隨身聽。
⑤夾有私房錢的書。

回答11

顯示願望或不安

〈解說〉

本測驗是要你選出「遺忘」的東西，然而，你所選的答案，其實正是你最喜歡、最重要的東西，也就是，「不能遺忘」的東西。

這些東西，也說明了現在你的心中，有著什麼願望或不安。而，現在的狀況，可暗示你的未來會如何。

附帶一提，日本一天中乘客人數最多的大車站，是JR新宿車站。而，乘客的遺失物品多的不可計數，每年約有五萬件找不到失主。其中有些是你想也想不到的東西，例如：「骨灰」等。有的人則是撿到一塊錢也送到招領處。

按：新宿火車站遺失物品最多的五種是：

1……傘……以深藍色的自動傘居多。
2……土產品……以餅乾類佔壓倒性多數。
3……皮包。
4……文書類……以裝在封套裡的書為多。
5……錢包……金額平均為一萬日圓。

〈診斷〉

①重要的文書類

你現在是腦裡裝滿工作的人。或者是，在工作上有煩惱的人。

只要自信滿滿，對工作重燃熱狂，將來必是此行的行家。

不過，要注意的是，倘若連私人時間也犧牲的話，你逐漸地會累積很大的精神壓力。

另外，也需注意的是，你會變得易與人起紛爭。

。

②傘

把遺忘的東西認為是最普遍性的傘的人，不論在工作或私生活上，都是不脫常識的人

由於很清楚自己的優缺點，因此，絕不會做勉強的事，總是依著自己的原則生活。

在人際關係上算是很圓滿。在人生的舞台上，雖不會有華麗絢爛的事，也不會有大的事故發生。

③出差時買的土產

你是有體貼之心的溫柔人，屬於把家人和友人視為自己的財產般重視的類型。

將來，會為所愛的人，不惜做任何事。

這種人有的是以家庭至上的人，也有活躍於教育和社會福祉等領域的人。

不過，太過於為周遭之人設想的話，很可能有損於自己。

Mary
Poppins

④隨身聽

這類型的人，對音樂有著強烈的關心，是會花精力在自己的興趣和遊樂上的人。將來的計畫，也是以休閒、旅行等為第一考慮，屬於享受生活型。

一旦想要某東西，就會動用儲蓄或信用卡買下來。因此，需格外注意金錢上的糾紛。

⑤夾有私房錢的書

對金錢很執著的你，將來也同樣會有強烈的金錢慾。你可能會出手玩股票、或賭博，失敗的可能性、大賺的可能性都有。

不過，由於你本來就是個有才幹之人，只要不做危險事，朝著既定目標行動，將來就有可能累積龐大的財產。此外，也有取得不動產的機會。

錯覺遊戲②——專欄

近來，在我們的生活中，處處可見電視遊樂器、個人電腦等。而，我們很易看錯畫面中細小的字或複雜的圖形。

本測驗或許會造成你一些混亂。現在，請花五秒鐘看上面的圖形。

請問，它給你什麼印象呢？黑色縱線看起來是不是變歪斜了？

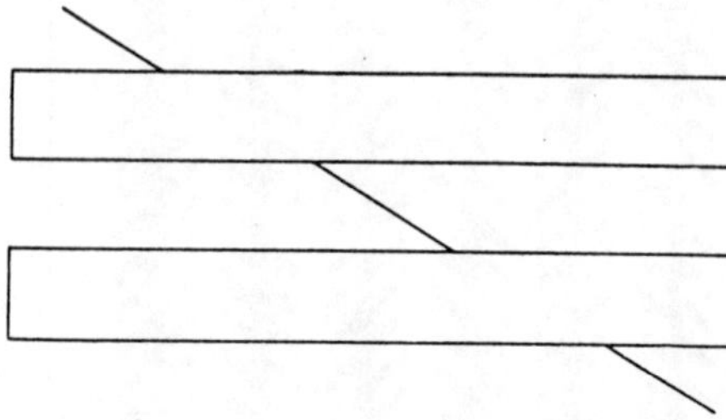

其實，這是七條平行的縱線。

但是，受到斜線的影響，看起來就有點傾斜了。

此圖是傑爾納於一八六〇年設計出來的，因此，就被稱為「傑爾納的正錯視」。

上圖的情形亦然，其實，斜線本是一直線的。

但，因中間插入兩個長方形，遮住了直線的一部分，結果，就使它看起來不像一直線了。

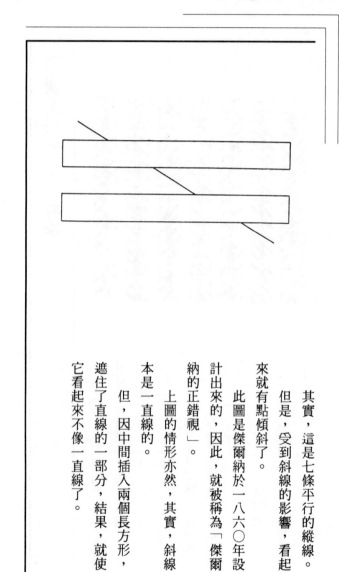

第三章

你的人際關係如何？

●人際關係可以看的出來！

誰都有不拿手、或弱點之處。姑不論像希臘英雄阿基里斯般，弱點顯著地讓人知道的情形，這兒所要認識的是，連自身都沒有注意到的部分。

我們常無法運用本身的好條件。在重要時刻無法發揮出實力。你是否有過這樣的經驗？

很多困擾你的糾紛，起因就在你身上。你恐怕沒料到吧。

問題 12　你想吃什麼？

你突然覺得肚子餓。

請別舉棋不定的回說：「那樣也想吃，這樣也想吃。」明確的指出你想吃的東西。

①漢堡　②拉麵
③咖哩飯　④烤肉
⑤蕎麥麵　⑥火鍋
⑦鰻魚　⑧牛排
⑨三明治　⑩壽司

回答12

表現在對食物好惡上的人品

〈解說〉

有人說：「想知道某個人的人品如何時，和他一起吃頓飯就成了。」這是因為吃的方式，最能表現出一個人小處的生活習慣和家庭環境。

十八世紀的法國貴族布里亞・薩巴朗，在其所著的『味覺科學』的序文中寫著：「只要知道一個人喜歡吃些什麼，就可知道其性格。」

換句話說，由一個人每天所吃的東西中，可看出此人的喜好，在下意識之中，就表現出此人的個性了。因此，從對食物的喜好，可推知一個人的性格。

〈診斷〉

①漢堡

你具有與誰都合得來的社交性，總是笑臉迎人。

由於善解人意，常是被人信賴的商量對象。

不過，事關自己本身時，則會獨自一人想辦法，承受種種憂煩。

②拉麵

你是個精力充沛、富有社交性的人。

屬於不拘小節，行動比思考先的類型，不過，行為總是不違背常情。

你很穩健，甚少會樹敵。只不過，你做事時，常常只有三分鐘熱度。

③咖哩飯

你很有順應性，不管在任何環境下，只要努力就會獲得成功。

在人際關係上，即使不喜歡對方，也會忍耐的克制自己的情緒。另外，你甚少會直截了當的表現出自己的夢想和慾望。

④烤肉

你雖有旺盛的好奇心，卻很難對一件事情有始有終的追究下去。你對性愛也很好奇，追求的是刺激感。你會把喜怒哀樂明顯的表現於外，因此，有時候看起來頗任性的，此外，你也有容易受暗示的一面。

你喜歡吃刺激性強的食物，也很喜歡吃能加強精力的食物。

⑤蕎麥麵

你很堅定自己的信念，絕不會扭曲自己的意志。

乍見之下，你是個很老實、很柔順的人，其實，正好相反。一旦你決定的事，就會堅持到底。

⑥火鍋

你對新奇的事物、不常見的事物很有興趣，有著極高的意欲去不斷的吸收新事物。

你是個很執著的人，多被周遭之人評為「有個性的人」。

⑦鰻魚

你不喜歡半途而廢，有著明確的自我主張。

你很容易樹敵，不過，勁敵的出現愈會使你鬥志昂揚。不論是在工作或人際關係上，都會遇到成功的機會。

⑧牛排

你有旺盛的好奇心及精力，只要你喜歡的事，你就會一頭鑽入。
你不滿足於平凡的事物，常會做出讓周遭之人嚇一跳的事。
你雖交遊廣闊，但對人的好惡卻是分明的。

⑨三明治

即使是芝麻小事，你也會介意的睡不著。你對自己很沒有信心，雖具有不錯的素質和才能，但做事時很容易陷入消極狀態。
如果能出現一個能領導你的伴侶，運勢自然會開。

⑩壽司

不管在哪種場面，你都會做常識性的判斷和行動，你可說是個正統人物。你不喜歡從事大的冒險或危險的事情，重視的是安定性和維持現狀，總之，你也是個現實主實者。
你很重視人際關係，因此，多能受到周遭之人的信賴。

問題 13 快點決定

你經常對自己的判斷自信是正確的嗎？

如果我再一次慎重地問你，你可能就會歪著頭想一想吧？

現在，請你回答下面的測驗。

1 你到百貨公司去看人人談論的恐龍展，現場一片混亂，人多的不得了。於是，一次入場的人數就被限定為一百人。

現在，有七個一塊來的男女加入排隊的行列，可是，還差三人就滿一百人了。

當然，稍微超過一點其實也無所謂的……，如果你是負責限制進場人數的人，你會讓幾個人進去呢？

①讓七個人全都進去。
②讓排在後面的兩個男性等待。
③就讓三個人進去。
④只讓兩人進去。

2 請花二十秒鐘看下面的圖。

留給你印象最深刻的是什麼？
①酋長的臉。
②年輕女性。
③後面的山和雲。
④手上的長槍。

3 你今天快樂的和戀人去看電影。最後的一個鏡頭是，一個男性隨著木筏四處漂流。

好可憐，結局是該男性沒被救起，你認為他會是怎麼死的。

①被鯊魚吃掉。

②餓死。

③溺死。

④煩惱痛苦而死。

4　有個年輕女性，正從火車窗戶向外眺望。

請問，這列火車是向哪個方向駛去？

①朝a的方向駛去。

②朝b的方向駛去。

③兩方皆有可能。

④火車正停著。

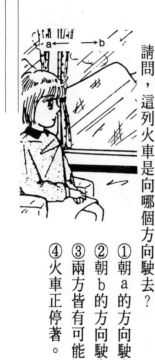

回答13

瞭解你的「溫柔度」

〈解說〉

女性要求男性的首要條件就是「溫柔體貼」。

最近，表面看似溫柔的男性很多，但，真正的「溫柔體貼」是指，在面對困難的決定時，面對嚴厲狀況的時候，自然表露出的一種態度。

1的答案，依你是墨守成規的遵守規則？還是尊重眼前的人的心情？而截然的不同。

2是測知你的攻擊性感情強度的問題。

當具有攻擊性的心情時，人們就會注意到平常所不會注意到的東西，眼光很自然的會放在那兒。

3的測驗是，反正不管怎樣，該男性同樣都會有不幸的結果，而，從想像的不幸的過程中，可聯想想像之時的內心狀態。

4的測驗，並非要你找出正確答案。

你在提出結論之前的思考過程，才是本測驗的目的。由一個人的想法之中，就可表現出此人是溫柔的？還是冷淡的？

〈診斷〉

參照下面的得分表算出總分，來診斷出你的類型。

答＼問題	1	2	3	4
①	1	2	3	3
②	2	1	1	1
③	4	3	2	2
④	3	4	4	4

4～7分……〈A型〉
8～12分……〈B型〉
13～16分……〈C型〉

〈A型〉

你很有同情心，見到他人有困難，絕不會撒手不管。

且，你不會強逼他人接受自己的親切與同情，而是在若無其事之中，表現出你的體貼之心。

也許你會在無意之中，發現你所喜愛的對象，且，從中獲得很大的滿足。

你總是那麼溫柔地體貼他人。為了他人，即使再勉強，也會努力去做，又，為了對方，你也會有所妥協。

你從不會對向你拜託之人說：「不。」

但是，你的溫柔體貼，有時會給對方帶來負面的影響。

所以，有時候，你必需以較嚴厲的態度去待人。

＜B型＞

你是合乎常情的人。做事從不糊里糊塗，總是既合情又合理的。不管是戀人或朋友，你都是以合乎禮節的態度與之交往，因此，你少有感情橫溢、熱淚盈眶的場面出現。

看到他人有困難時，你會客觀的、冷靜的自問：「我能否幫他一點忙」，或「只要對他有用，我一定伸出援手」，而不是濫用感情的，毫不考慮的予以幫忙。

你不願他人看到自己的弱點或煩惱，因此，有時會顯出冷漠，或讓人難以親近的表情來，其實，你有顆溫暖的心，且是誠實可靠的人。

＜C型＞

你是不會把喜怒哀樂表現於外的人，因此，少有人知道你的內心真正在想什麼。

遇有意外情況時，你會合情合理、乾淨俐落的予以處理。

看似不會計算的你，其實在採取任一行動前，早就把事情看的很透徹。

凡事你都會堅持到底，不會扭曲自己的想法，因此，曾與你起過衝突的人，多會譴責你「過於頑固，過於冷淡」。

但是，堅強的你，在遇到突發狀況時，也會驚慌的不知如何是好。

這時，你的本來面目就毫不保留的表現於外了。

其實，你只是不擅於表現你那害羞、溫柔的一面。

問題 14

點與線

左邊的四方形框框內，有很多的點。

請拿起筆，照你的意思，把點與點連起來。

拿筆的手停止時，也是測驗終止的時候。

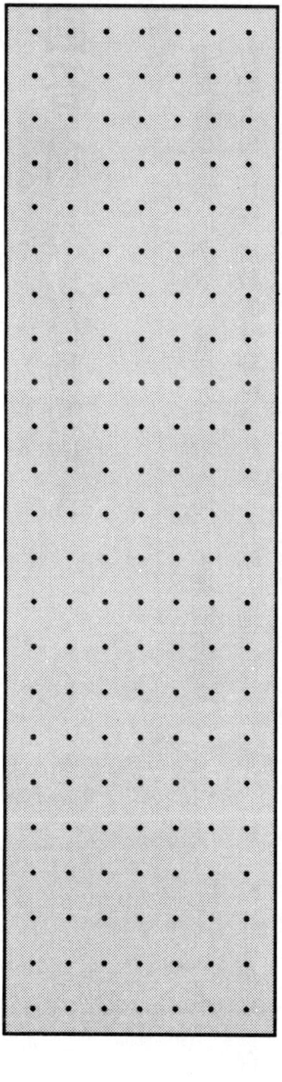

回答 14　表現行動的模式

〈解說〉

這是個很簡單的測驗，連接方法因人而有多樣的不同。有的人可能只把少數的幾個點連起來，有的人則是從頭到尾，一點一點的連起來，有的人則會連出一個圖形來，。

總之，由你的連法中可瞭解你的性格和情緒。

〈診斷〉

首先，按照如下的順序來看看你所連出的圖形。

①開始的地點在哪？

②連接的點有幾個？

③像什麼樣的圖形？

①從圖的上部，尤其是從左側上部的點開始連的人，有著很高的適應性，行為多合乎常情。但是，這類型的人，不管怎麼說，總是缺少點行動力。機會來臨時，很難當機立斷的予以掌握。

另外，現在精神上感到疲倦的人，或處於不管做什麼都嫌麻煩狀態的人，也易由上方開始連。另一方面，從下方的點開始連的人，現在過著很充實的生活。不管做什麼都覺得綽綽有餘。

活動力強，在同伴之中老是居領導地位的人，就是屬於這一類型。這類型的人面臨的狀況愈是困難，愈是鬥志昂揚，且會堅持到最後。從左下方開始的人，尤其有此的傾向。

②所連接的點愈多，就表示愈有活力，尤其是連接二十個以上的點的人，可稱是個硬漢子。

從頭到尾，把所有的點都連起來的人，很注意細節處，做起事來既強韌又謹慎。

相對的，只連接中央部分的人，是不拘小節的樂天派。性格爽朗，但，凡事也易過早放棄。

③連接點所成的圖形，是什麼樣的形狀？很多人在任意連接後一看，所成的圖形意外的像某個圖形。

一般說來，愈男性化的人，愈像「運輸工具」、「星形」、「多角形」的圖形，愈女性化的人，則有像「動物」、「花」，或者「人臉」的傾向。

人在焦躁或沒有精力的時候，就會畫出模糊不清的圖形。

亦即，連接點所成的圖形，多能說明此人心中的願望。

連成沒有意義的鋸齒狀的人，心情必處於不安定的狀態中。在連接之前，在心裡就想好要連成什麼圖形的人，有著極佳的美感及極敏銳的感受性。

馬上想到「星座」的人，則相當地羅曼蒂克。

問題15　想要瞭解赤裸裸的你

〈測驗A〉請圈出符合於你的情況。

①讀書時，聽到電視的聲音也不以為意。
②吃蘋果時，沒有削皮的習慣，拿起來就啃。
③最近，一早醒來覺得很清爽。
④比賽時輸了人，會耿耿於懷，想再贏回他。
⑤凡事都會堅持到底。
⑥與人相約，會比約定的時間早到。
⑦看電視時，碰到廣告就轉台。
⑧你會大聲叫喊，走在路的另一頭的朋友。
⑨你會快步通過斑馬線。

⑩你最近交了新朋友。

〈測驗B〉　這半年內，你有如下的情況？

①睡覺時，曾做過會令自己窒息般的夢。
②曾與異性的眼光相碰時，打個寒顫。
③你曾在想像不到的地方，遇到熟人。
④曾經看到朋友的臉，就知道他在想什麽。
⑤雖不常有，但也曾搭不上電車或巴士。
⑥你曾發覺，被奇怪的人跟蹤。
⑦你曾認為有人討厭你。
⑧你已有固定戀人（或已結婚），仍曾經對異性抱有好感。
⑨你曾經正在想：「那個人，現在不知如何？」時，他本人正好打電話來給你。
⑩你交往過的異性，曾經患過重病或發生意外事故等等的不幸。

Beauty exercises
你
自動門
自動門

回答15 你的健康沒問題嗎？

〈解說〉

根據最近美國「Time」雜誌的報告得知，心理的要素也是疾病的原因之一。

據說，人的性格或日常生活中的內心狀態，也是誘發疾病的因素。

例如：調查癌症患者「延命率」所得的結果是，心理安定的人，延命率比內向且心理狀態不安的人高。

由此可見，在疾病的治療上，我們應重新審視心理療法了。

〈診斷〉

不論是測驗A、測驗B，每一個○得五分，請算出各個總分。

接著，以測驗A的總分減測驗B的總分，然後，再將所得的答案加上五十，就是你的得分。根據此分數，就可預測你的健康度。

〈30分以下〉

現在的你，易因一點點的不調適而生病，例如：毫無理由的焦慮，容易疲倦等等。你會不會覺得，自己常常毫無來由的感到不安？如果你一味地認定只是疲勞而已，就很可能真正的會生病了。

〈31分～60分〉

老實說，你最近的狀況不很好。你有沒有發覺，你的工作太過於忙碌？或你玩的太兇，以致沒有讓身體有休息的時間？你對自己的體力太過自信，所以，總是任性而為，結果，弄的自己一身疲憊。你首要做的是：改變一下生活型態。

〈61分～80分〉

這是最平均的狀況。生活的步調很安定，身心都處於均衡的狀態中。就算你稍微勉強，搞的自己很累，只要注意飲食和充分的睡眠，疲勞馬上就能消除。此時，恢復元氣的速度也很快。

〈81分以上〉

你精力十足，在精神方面不會有無謂的煩惱。現在不論是體力、氣力，都是很充實的時候。只是，你別太自信，你若不肯控制自己，持續勉強自己的話，疾病終會找上你。你的問題點是在於，比起生病，因為意外事故受傷的可能性更高。

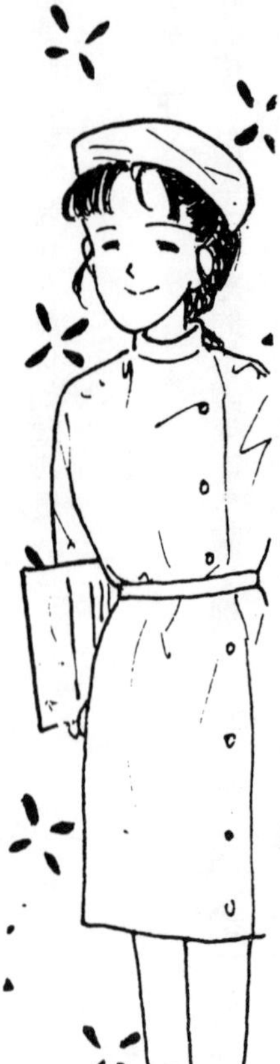

問題 16　在意的坐法

「我想和你談談，能不能聽我說說？」

當你為工作煩惱、為戀愛煩惱、為身體煩惱……，你有可以讓你傾吐一番的好友嗎？

當聽你說話時，她是採取何種坐法呢？

①兩腳併攏直放。
②兩腳併攏斜放。
③兩腳交叉（蹺腳）。
④兩腳分開。

回答16　可瞭解洩漏秘密的危險度

〈解說〉

你是不是有過：「我只把秘密告訴那個人，結果大家卻都知道了。」的經驗呢？

本測驗就是要讓你認清，對方是不是會把你們的談話到處宣揚的危險人物。

由日常的行為當中，就可知一個人的口風緊不緊。

〈診斷〉

①兩腳併攏直放的人＝危險度10％

這種人聽了你的秘密話後，絕對不會向任何人宣揚。

除尊重你的隱私外，這種人還會給你很好的建議。如果不是在很特殊的情況下，他也絕不會說出自己的隱私。

②兩腳併攏斜放的人＝危險度40％

對他人的隱私不是很關心的人。

即使是與好友，也是保持著冷淡的關係，但，此種人不會因為覺得有趣而洩露他人的秘密。可是，一旦他嫉妒你時，就會到處宣揚你的秘密。之後，又會懊悔不已。

③兩腳交叉（蹺腳）的人＝危險度70％

這種人雖沒有惡意，可是聽了他人的秘密話後，就喜歡到處宣揚。即使是自己的事也喜歡到處去說。不過，由於他並非是存心不良，所以，你也不能過分恨他，反正，重要的話最好不要向他說。

④兩腳分開的人＝危險度90％

你若相信這類型的人，可就慘了。

這種人喜歡四處打探他人的秘密，一旦得知就必傳遍千里。

不僅如此，他還會把聽來的「道聽塗說」，加油添醋的到處宣揚。

問題 17　戒指的象徵

你和好友一塊到香港購物。為紀念此次旅行，你們打算買個相同的戒指。

請問，你會選擇下面中的哪種戒指？

又，你認為你的好友，會選擇哪種戒指？

①價格昂貴的名牌戒指。
②鑲鑽的小戒指。
③設計新穎的大戒指。
④設計可愛的戒指。

回答 17

戀愛與友情左右為難時的反應

＜解說＞

和男友的交往雖很重要，但，當有意外情況時，值得信賴的畢竟是同性的朋友。

不論是快樂的事、傷心的事，你都可以開誠佈公的和同性朋友講。

然而，戀愛三角關係最常見的模式是：你的男友愛上你的好友，或者，你的好友愛上了你的男友。

如果不幸的發生了這種事，你會怎麼辦？

又，你的好友會怎麼做？

由你們兩人所選擇的戒指，就可預卜你們未來的友情如何了。

〈診斷〉

①價格昂貴的名牌戒指

當友情和戀愛必需做個選擇時，這種人會選擇戀愛。一旦談戀愛，就會和女友們疏遠，是典型的一頭栽入愛情的人。

此種人嘴裡雖常說：「我們的友情一定要持續到永遠。」可是，一旦認為情況對自己不利，就會毫不猶豫的切斷友情。

②鑲鑽的小戒指

與人保持合乎常情的人際關係的此種人，很誠實，絕不會做出傷及友情的事。

可是，一旦他愛上某人，就會滿腦子裝滿了

他，而不知不覺中就陷得很深。

若變成三角關係，他雖會為此苦惱不已，但結果是，他仍會貫徹自己的意志。

③設計新穎的大戒指

這種人會受不了不是以她為主的場面。

易嫉妒之心，好朋友戀愛了，不僅不會打心底高興，反而有強烈的不是滋味的心理。

比起與女朋友間的友情，更重視戀愛和結婚，因此，只要遇到自己喜歡的男性，不會理會是不是好友的男友，都會主動的出擊。

④設計可愛的戒指

這種人總是先為對方的立場著想，而不是為自己的事先做打算。就算有了所愛的人，也會把戀愛和友情分得很清楚，很重視與朋友相處的時間。

若有形成三角關係的可能，就會理性的壓抑自己的感覺，迴避必會引發的糾紛。

問題 18

大家來玩玩看「生活遊戲」

請告訴我們你的生活型態。請老實的做下面的測驗。

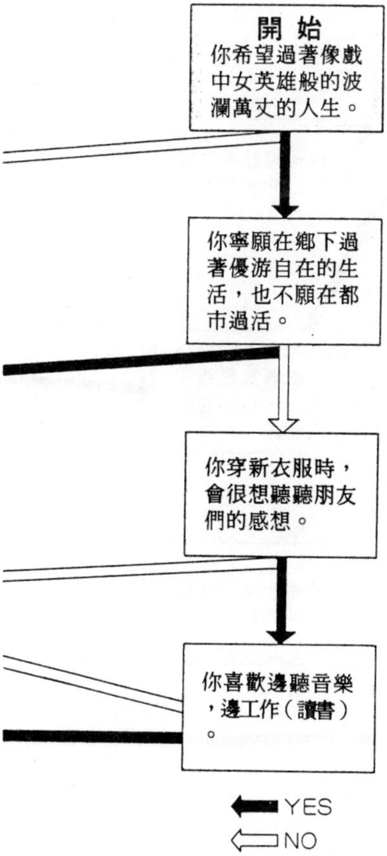
開始
你希望過著像戲中女英雄般的波瀾萬丈的人生。
你寧願在鄉下過著優游自在的生活，也不願在都市過活。
你穿新衣服時，會很想聽聽朋友們的感想。
你喜歡邊聽音樂，邊工作（讀書）。
YES
NO

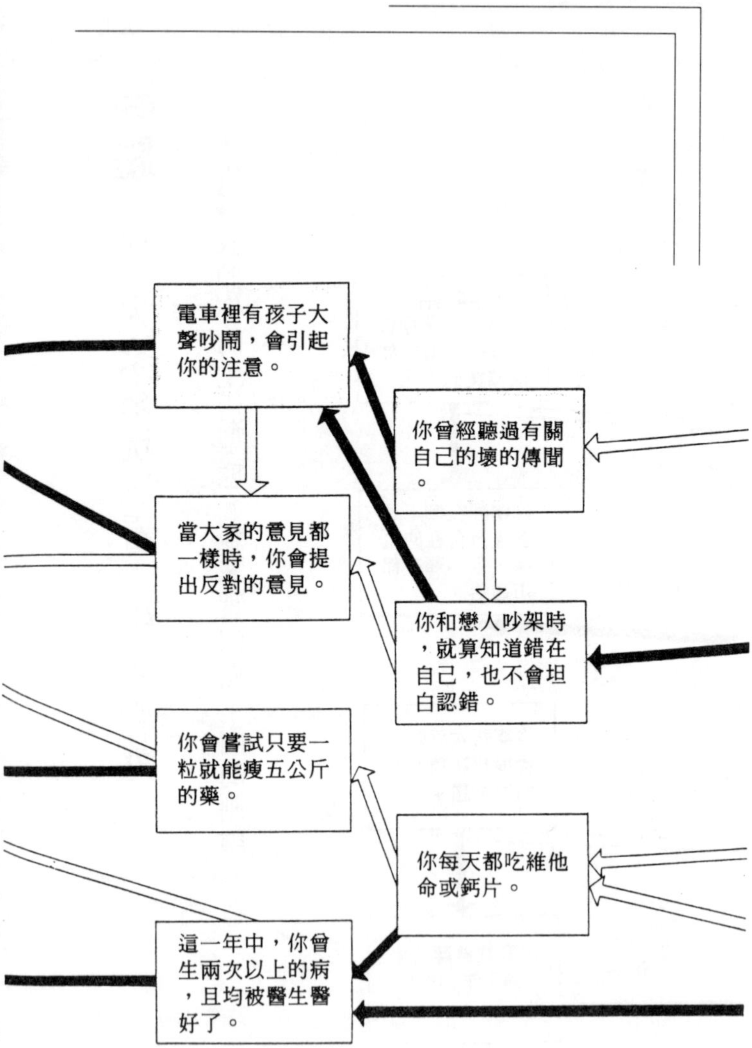
電車裡有孩子大聲吵鬧，會引起你的注意。
當大家的意見都一樣時，你會提出反對的意見。
你曾經聽過有關自己的壞的傳聞。
你和戀人吵架時，就算知道錯在自己，也不會坦白認錯。
你會嘗試只要一粒就能瘦五公斤的藥。
你每天都吃維他命或鈣片。
這一年中，你曾生兩次以上的病，且均被醫生醫好了。

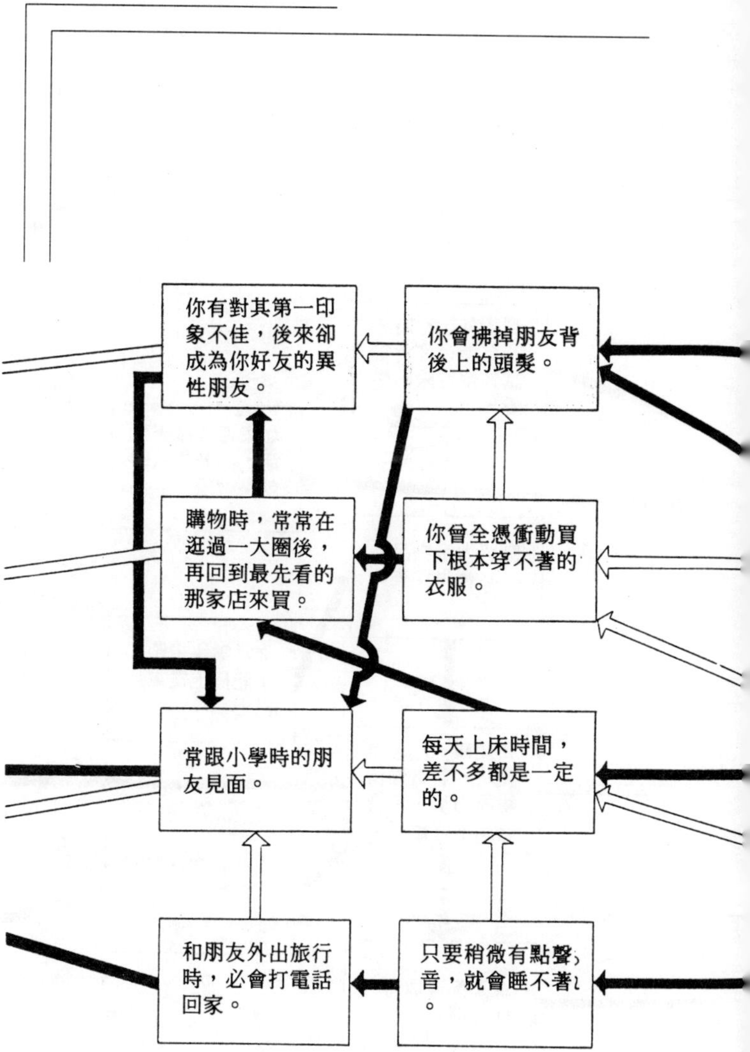
你有對其第一印象不佳，後來卻成為你好友的異性朋友。
你會拂掉朋友背後上的頭髮。
購物時，常常在逛過一大圈後，再回到最先看的那家店來買。
你會全憑衝動買下根本穿不著的衣服。
常跟小學時的朋友見面。
每天上床時間，差不多都是一定的。
和朋友外出旅行時，必會打電話回家。
只要稍微有點聲音，就會睡不著。

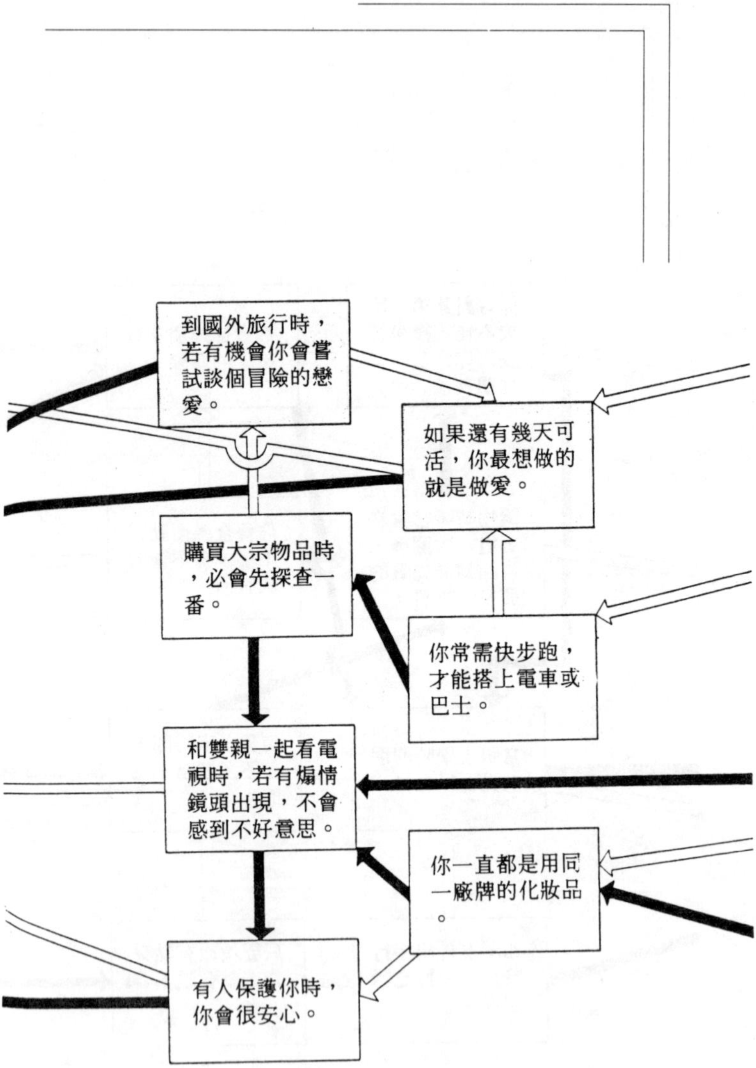
到國外旅行時，若有機會你會嘗試談個冒險的戀愛。
如果還有幾天可活，你最想做的就是做愛。
購買大宗物品時，必會先探查一番。
你常需快步跑，才能搭上電車或巴士。
和雙親一起看電視時，若有煽情鏡頭出現，不會感到不好意思。
你一直都是用同一廠牌的化妝品。
有人保護你時，你會很安心。

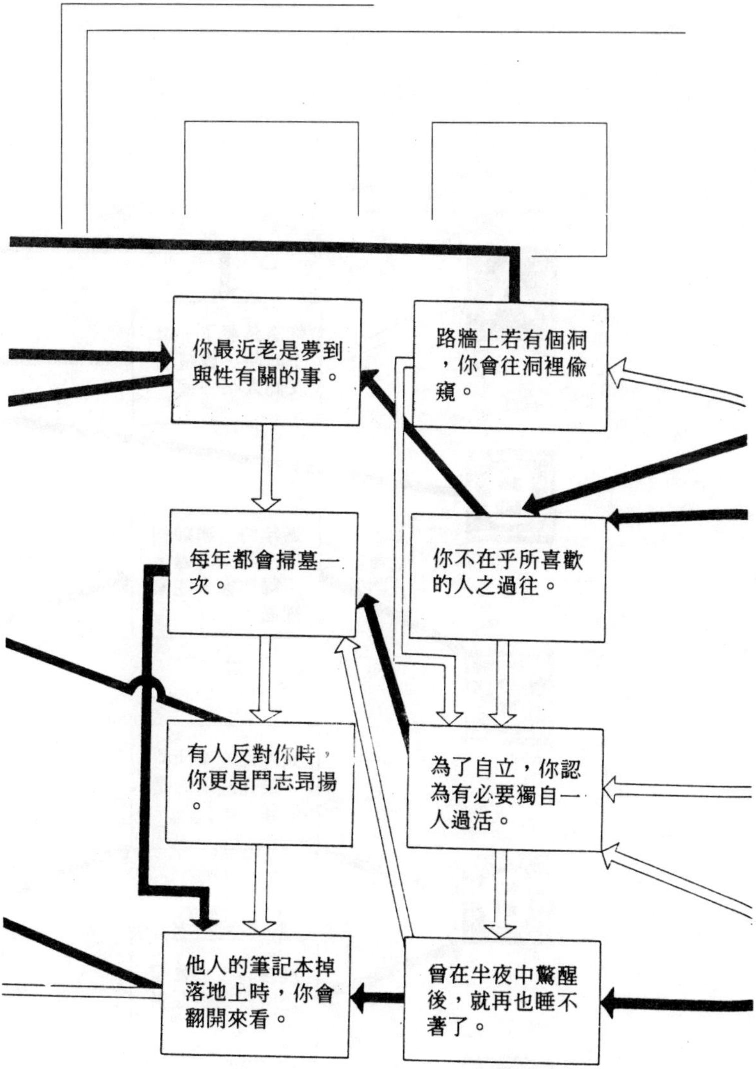
你最近老是夢到與性有關的事。
路牆上若有個洞，你會往洞裡偷窺。
每年都會掃墓一次。
你不在乎所喜歡的人之過往。
有人反對你時，你更是鬥志昂揚。
為了自立，你認為有必要獨自一人過活。
他人的筆記本掉落地上時，你會翻開來看。
曾在半夜中驚醒後，就再也睡不著了。

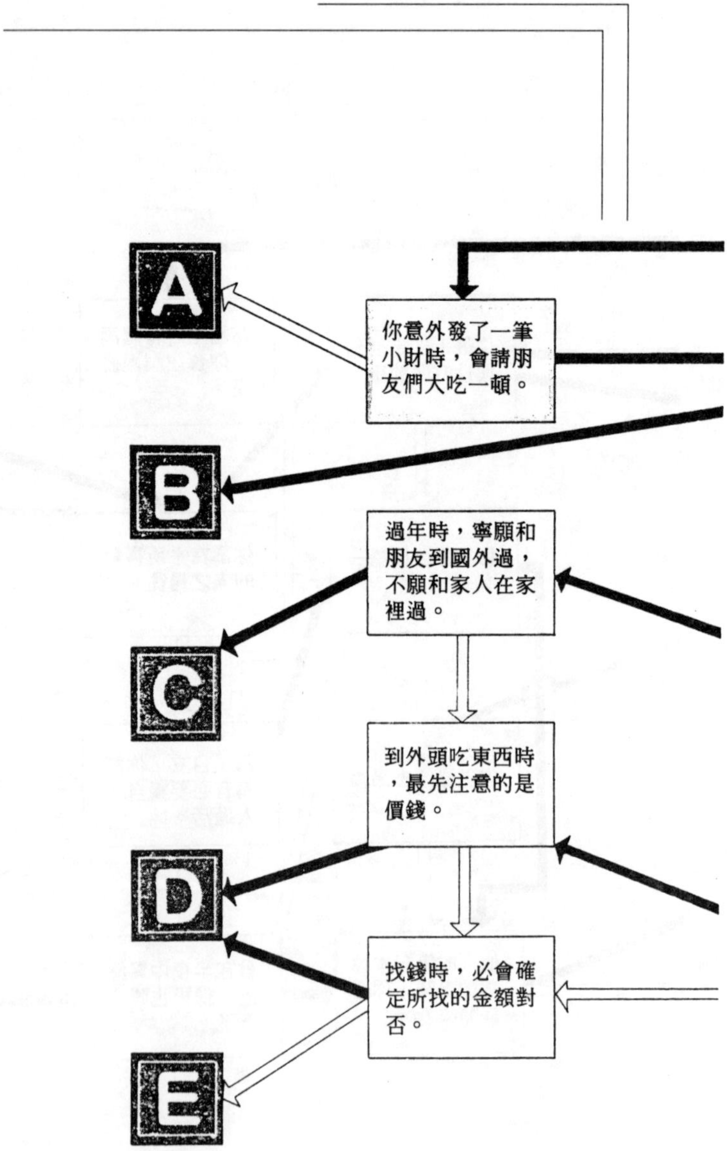
A
你意外發了一筆小財時，會請朋友們大吃一頓。
B
過年時，寧願和朋友到國外過，不願和家人在家裡過。
C
到外頭吃東西時，最先注意的是價錢。
D
找錢時，必會確定所找的金額對否。
E

如果是我的話……

回答18　困擾著你的煩惱究竟為何？

＜解說＞

任何人都有著「前途黯淡」的可能性，也就是說，不管你再如何小心翼翼，也會被捲入麻煩之中。

但是，追究突然的災難之因，不難發現多是出在自己身上。

在此，將邊分析你的性格，邊指出將來你與周遭是否易生糾紛。

＜診斷＞

＜A型＝在人際關係上易起糾紛……＞

你比較容易與學校的同學，公司裡的資深人員、後進人員，或鄰近的人發生摩擦。

富於正義感，自我主張也很強的你，不容許稍有差錯，屬於黑白分明的類型。與你意見相左的對方，你會徹底的說服他，或壓倒他。不僅是他人，連你自己也都自認為是個嚴厲的人。

像你這樣的人，當然不會對他人說恭維話，或討好他人，所以，自然易與他人起糾紛。你最好稍微柔軟一點，得饒人處且饒人，能閉隻眼的地方就閉隻眼吧。

〈B型＝在異性問題上易起糾紛……〉

你在異性問題上易生麻煩。例如：當你在酒席上或旅行時等，沈醉在與平日不同的氣氛中時，就有製造麻煩的危險。你易犯下在冷靜時絕對不會做出的行動。

總之，你那開放、大膽的行為，都是感性的性格所致。你與戀人吵架時，也會因喪失理性，口出不該說的惡言。

你事後的後悔當然於事無補囉！可是，不消多久，你又會遭致同樣的失敗，總之，你是屬於不會記取教訓的類型。

〈C型＝在家庭問題上易生糾紛……〉

你和父母、兄弟間，易起衝突。

現在的你，整個心思都放在工作、興趣、戀愛、交友上，所以，自然沒有餘暇來顧及家庭了。

你與外人相處時，表現的很合情合理，可是，與家人相處時，就任性的以自我為中心的態度來對家人。你對家人過於漠不關心。正因如此，你易與家人產生摩擦、齟齬。

家庭乃生活的基盤，你有必要反省一下自己的作為。

〈D型＝　在金錢問題上易糾紛……〉

你常會在想像不到的地方，發生金錢上的糾紛。

例如：因利息托累而致失敗，被詐欺、或因做他人的保證人而背負債務等。

又，因沒有計劃的使用信用卡而致破產，因不擅管理金錢造成公司的損失等大宗金錢上的麻煩，也有可能發生在你身上。

忘了帶錢包嗎？

乍見之下對金錢很仔細、很在意的人，也會因過份在乎錢而招來失敗。

〈E型＝精神上的麻煩……〉

內向、不擅消除精神壓力的你，精神上的煩惱不斷。你會為點小事耿耿於懷，甚至因而失眠。又，你很有責任感，不允許有些微的差錯，因此，常把自己弄得心神俱疲。

過於神經質的話，周遭之人必會對你敬而遠之，而你也易為一些微不足道的事情，與周遭之人起衝突。

有所煩惱時，千萬不要獨自解決，應找家人或朋友商量。

又，你也有必要藉運動、旅行等，來紓解身心。

錯覺遊戲③——專欄

上面的圖形，是某兒童遊樂場的宇宙館所使用的。它被畫在大圓型的天花板上。

這是一個宇宙想像圖形，請看此圖形五秒，並試著記下來。

＊　＊　＊

有人說，此圖形是「螺旋形的圖形」。真的是如此嗎？

你所記憶的，是否這個樣子？

乍見之下，你會覺得這是一個

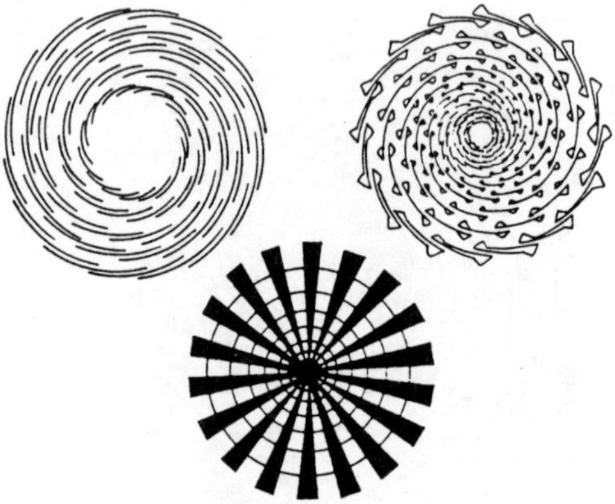

螺旋狀模型。可是，你若用手指順著看似漩渦般的線繞的話，你會發覺，手指又會回到原先的位置。

換句話說，這是以同心圖為基礎的圖形，而各條線皆是以一定的角度畫出的。

這是一九〇八年，佛雷塞加所設計的「扭曲繩子錯視圖」之一。

整個圖形的模樣非常漂亮，且，令人驚奇的是，手指可回到原來的位置，它可說是「錯視之王」的圖形。

此外，上面所列出的同樣圖形，希望你能喜歡。

第四章

你的財運如何？

●財運可看得見！

「沒有它就慘了！」、「能得到的話，再多都想要」、「愈多愈好」、「為了它得做某犧牲的話，我可不幹！」

這些是常掛在年輕人嘴邊的「金錢觀」。雖都是些隨意說說的話，但，也蠻有道理的。

有人說，錢會改變一個人，你和你在意的那個人會這樣嗎？

問題 19 奇怪的樹

你向園藝店老闆要了一棵樹苗。
你認為，你種下的這棵樹苗，數年後會是棵什麼樣的樹？

①開花的樹。
②結果的樹。
③厚厚實實的樹。
④枯死了。

問答 19

將來，你希望擁有個什麼樣的房子？

〈解說〉

此測驗是要探知你數年後的財產意識。且，更進一步地預測你如何建立購屋計劃。

〈診斷〉

①開花的樹

你是個重視美和氣氛的浪漫主義者。你沒有很強的物慾，所以，也不會特意去營造財產。

你認為不必買房子，只要有住的地方即可，比起買個房子但必需遠距離通勤，你寧願在都市附近租間公寓住。

②結果的樹

你是所謂的「美景不如美實」之典型貪婪的人。你認為一切努力的結果，都是為了立即可得的利益，也就是，你是個極現實的人。

在營造財產上也表現出此種性格。不會去買預售屋，即使它比較理想。你會去買馬上能住的現成房子。

③厚厚實實的樹

想像厚厚實實樹木的人，有很好的平衡感，偏重邏輯式的思考方式。

在想要某東西之前，都會冷靜的判斷自己的經濟能力。

你不會勉強的貸一筆鉅款去買房子。

④枯死了

你是行動跟著感覺走的人，不聽從他人的意見，總是自以為是的做任何事。

你有強烈的金錢願望，但，不是屬努力型，因此，追求的是脫離現實的夢想。

你很會鑽牛角尖，從不瞻前顧後，買東西總是但憑高興，後悔乃必然之事。

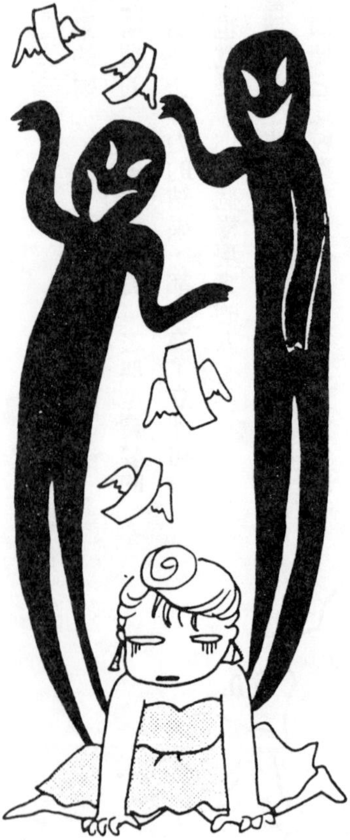

問題 20

喜歡有一口白牙的他！

你倆共迎早晨的到來……。
當他刷牙洗臉時，你不妨觀察他一下。
他是怎麼刷牙的？

①很費時間，仔細的刷。
②急急忙忙，草草的刷。
③邊讓水嘩啦啦的流邊刷。
④隨便的漱漱口。

回答20

把錢借他，沒問題嗎？

〈解說〉

再親密的朋友，在金錢方面也是要明算帳的。因為，人際關係常因錢糾紛破裂。可是，當男友有困難時，女性總是會想盡辦法幫忙他。因此，你有必要檢視一下你的他的金錢感覺。如果他用錢不知節制，你就有要不回的危險。你的他，有百分之幾的危險度呢？

〈診斷〉

①很費時間，仔細的刷＝危險度10％

不只是在處理金錢上，對任何事都是有條有理的人。

唉呀！少給我一塊錢

對身邊的事情是屬於神經質的類型，對金錢，即使是一元、兩元也會斤斤計較，是極吝嗇的人。

②急急忙忙，草草的刷＝危險度40％

出手不是很大方，也不是很小器的人。屬於會儲蓄的類型。跟人借錢，即使是十元，也會馬上還人家。

③邊讓水嘩啦啦的流邊刷＝危險度70％

對於金錢，是大而化之的人。花錢很不知節制，常在急需錢時卻口袋空空……。借錢給這類型的人，很可能會要不回來。反之，向他借錢的話，他倒不會催著你要還。

④隨便的漱漱口＝危險度90％

喜歡奢華、出手大方，是不會仔細計算的人。

只要有錢就會把它花光光的人。

又，性格上也是很散漫，向人借錢毫不以為意。常常借錢未還，又再去借。

問題 21 靈感測驗

1 在飯店的大廳，你看到一位帥透了的男性。一看就知，他在等前來赴約的女友。請問，即將出現在他面前的女性，會穿什麼樣的服裝？

①一件式洋裝。
②套裝。
③褲裝。

2 有個資深ＯＬ正對新進人員說教。「你們到底會不會？再重做一次！」請問，新進ＯＬ們會如何回答。

①「真對不起，犯了這麼多錯。」

②「因為急著要……，如果慢慢做就不會如此了。」

③「一切照你的意思去辦。」

[3] 在車站前的腳踏車停放處，有個男性大聲嚷嚷著，「你弄倒了我的腳踏車。你看，都壞了！」被他叫吼的女性會如何回答他？

①「太過份了！你亂講。」

②「誰叫你把車子放成這樣，被弄倒了，活該。」

③「你幹嘛懷疑我……。又不是我弄的。」

[4] 夜晚，走在路上的你，看到電話亭裡有人影。看不清是男性？還是女性？請想像一下，那個人正在跟誰講電話？

①母親

②戀人

③朋友

5 如果你是個髮型設計師，你會設計什麼樣的髮型，成為今年的流行潮流？

①短髮。

②馬尾式髮型。

③半長直髮。

6 未曾在宴會席上喝醉的你，今天卻喝的頭冒金星。上司笑嘻嘻的對你說：「你很會喝嘛。原來你以前都是假裝的呀！」

請問，你會如何回答？

①「這種酒很好喝，所以，喝多了。」

②「我一向就很會喝呀！」

③「請不要亂說。」

7 公園裡，一位年輕女性孤零零的站在樹下。路過的女性友人，開玩笑的說：「說不定他不來了喲？」

請問，這位女性會如何回答？

①「他也許有什麼急事吧！」

②「我不是在等他，我還有別的事。」

③「別胡說八道。」

8 中午休息時，ＯＬ們聚在一起，說長道短的。他們談的是××公司的Ａ小姐，又新交男友的事。

不知此事的ＯＬ，聽了之後會怎樣說？

①「她那麼漂亮，也難怪……。」

②「真爛！男友一個個換。」

③「那個男人要倒霉了。」

回答 21

金錢感覺如何？

〈解說〉

此測驗是根據你的靈感和反應，來測知你對金錢的感覺。希望你能掌握招來財運的訣竅。

〈診斷〉

測驗	答
1	②
2	③
3	②
4	②
5	②
6	①
7	②
8	③

＊在各測驗中，只有在如表所答的情況下，才有得分，請計算合計分數。

〈7分以上〉

對金錢的感覺極佳，是具有商業才能的人。你常在具危險的事情上，做一決勝負的賭注。

雖能在股票、彩券、賭博等獲利，但，花費也不少。總之，你是個使用金錢方式很個性的人。

若再腳踏實地，你的財產將會比預想的多得多。

〈5～6分〉

乍見之下，你不是個很節儉的人，可是，卻能在不知不覺中，存下一筆可觀的金錢。

你很懂得用錢的方法，總不會做無謂的花費，但在必要時，卻會不惜一擲。

你是個金錢感覺頗均衡的人，所以，不會在經濟問題上遭遇窘境。

〈3～4分〉

你是很明白金錢重要性的人，所以，有恆心的過著節約的生活。但是，雖很重視金錢，卻意外的常讓財運溜走。

你只是一味的節約，可是常因貪便宜而吃大虧，交際範圍也變得愈來愈狹窄。

為了不讓他人說你吝嗇，你一定要設法改善用錢的方法。

〈2分〉

你認為錢本來就是要用來花的，而不是用來存的，所以，你想要的東西會毫不遲疑的買下來。不管價錢多高，只要是你喜歡的，就算借錢，也要得到它。

你若有用信用卡購物的習慣，將來可能就會難以還錢了。所以，你要克制浪費的習性，好好的把精力用於工作上，如此，財運就會到來。

〈〇～1分〉

你對錢絕不執著。就算偶有節約、儲蓄的念頭出現，也絕不會持久。你常常忘了還向他人借的錢，錢包總是隨手一放，掉的機會相當高，總之，你對錢非常的不謹慎。

你常常上他人的當，以致血本無歸。因此，你有必要小心管理你的錢財。

問題22　命運之籤

今天是新年以來的第一次約會。你和他一起到廟裡參拜。

你許願道：「希望今年萬事如意」，而且去抽了一個籤，結果抽到「大吉」籤。

你想把這張好籤繫在樹枝上，請問，你會繫在哪根樹枝上？

①手伸的高高的，儘量繫在高高的樹枝上。
②繫在手一搆就搆得到的樹枝上。
③彎下身去，繫在低的樹枝上。

回答 22

瞭解你的創想力

〈解說〉

此測驗，是藉著你在下意識之中，所選擇的高度，來判斷你的潛在意識。

例如：一般人所選用的保險箱高度，多半是容易把東西放入、取出的高度。

但是，在沒有特別的條件下，例如：繫籤條時，所選擇的高度，則因人而異。

在此，根據你所選擇的高度，即可瞭解你的創想力。

〈診斷〉

①回答儘量繫在高高樹枝上的人

屬於可自由創想的類型。

你的獨特思考方式，常讓周遭之人訝異，擔心害怕。

如果你有適切的點子，很可能就會招來大財運，可是，你的點子若太脫離現實，脫離常情，就不易受到周遭之人的理解，而變得孤立。

若想要在生意上獲得成功，就必需冷靜的在各方面檢討，好好發揮你的才能。

②回答繫在手搆得到的高度的樹枝上的人

在超市的陳列架上，賣得最好的商店皆是擺在眼睛高度左右的位置上。因為，這些商品最易看到，也最易拿到。

選擇此的你，創意是合乎常情的，常不脫一個固定型態。可說是個腦筋頑固的人。

因此，你不會有所大失敗。通常你能做水準

以上的工作，對自己的能力和感覺很有自信。

如果，你想要有很好的創意，最好有意的改變一下觀點。

如此，你會意外的得到好主意，而財運必也為之大開。

③回答繫在低樹枝上的人

現在的你對自己的判斷很沒自信，常常為這、為那煩惱不已。

你對新的事物總是敬而遠之，相當消極。

因此，比起憑著瞬間的創意來決勝負，不如從事需分析、檢討過去的實績和經驗來判斷狀況的工作。

你不喜歡多樣化的生活，只想守著一個人過日子。

因此，比起做個領導者，你更適合做個幕僚，如此，才能發揮你的特性，也才能招來財運。

問題 23　你能把廢物再生利用嗎？

不知不覺中，雜誌和笑話書堆積一堆。
請問，你是如何整理選過的雜誌和書本？

①讀完立刻加以處理。
②擺在一處，積了一堆再處理。
③只有需要的東西，才裝訂整理，其他的則處理掉。
④不捨得丟掉，全都積存起來。

回答23　你所採取的儲蓄法

〈解說〉

百貨公司的紙袋或包裝紙，已經使用過的信封，及裝在箱內的褪流行衣服……。有的人毫不猶豫的全部丟掉，有的人則是捨不得丟，全都積放在儲藏室。

其中，最惱人的莫過於種類繁多的雜誌類了。

在此，依據你處理雜誌類的方法，可分析你的金錢感覺，且可以提供適合於你的儲蓄方法。

〈診斷〉

①讀完立刻加以處理

你對錢所抱持的態度是：有錢就用，沒錢再說。

你最喜歡看到他人被你請吃飯、或你送禮物給他人時的高興表情。在與他人吃飯，或喝咖啡，你總喜歡搶著付帳。如此大方的你，當然不會被人叫做吝嗇鬼了，可是沒錢時呢？……

你若想存下錢，首先得決定每個月留下多少錢，然後以安全的謀利生財方法來運用它。

②擺在一處，積了一堆再處理

你對金錢有著很均衡的看法。該節約時就節約，該花錢時絕不吝嗇。因此，你是個最合理使用金錢的人。

你雖不吝嗇，但也不會為了面子而亂花錢，你總是把錢花在該花的地方，所以，不會有任何的金錢麻煩。

但是，為了享受，你是絕對不惜花費的，因此，也有在臨急時沒有錢好用的可能。

對你來說，比起如何賺錢、存錢，更首要做的是，控制你的開銷。

1000
1000

③只有需要的東西才裝訂整理，其他的則處理掉

你對金錢的用法很合理，絕不會做無謂的浪費。

你早為了將來的目的做好儲蓄。你很勤於收集財經資訊，總能憑著過去的資料和體驗來判斷，做確實的投資。

④不捨得丟掉，全都積存起來

你比他人更重視金錢，所以，常被周遭之人稱為吝嗇鬼。

你在持續儲蓄的同時，也會做股票、匯率等投資，而任何一項投資，你都希望能狠狠賺上一票。

不過，你很易上他人的當，常常在貪念下，欲一搏勝負，結果招致大失敗。

錯覺遊戲④——專欄

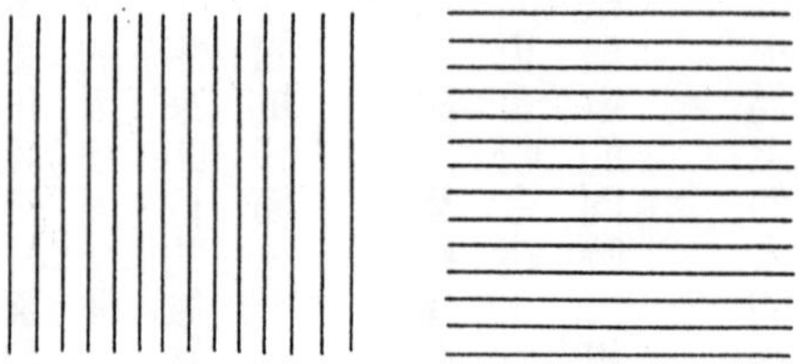

同樣長度的線，呈上下的直線看起來比較長。
又，呈左右排列的橫線看起來比較長。

有人說，人的視覺非常的不準確。

的確，在日常生活之中，常有本應看得到的線卻看不到，或，根本不成形的東西，看起來卻成一圖形，或，同樣大小的圖形，看起來卻有大有小，或，直線看起來卻像彎曲線等的情形發生。

這些都是視覺的錯覺所引起的現象，我們稱之為錯視現象（幾何學的錯視）。

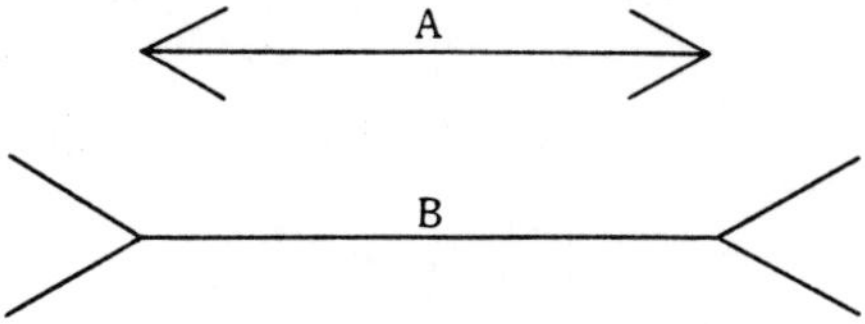

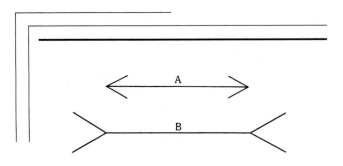

A、B兩線的長度相同，但因被箭頭的線同化，所以，A給人的感覺較短，B則較長。

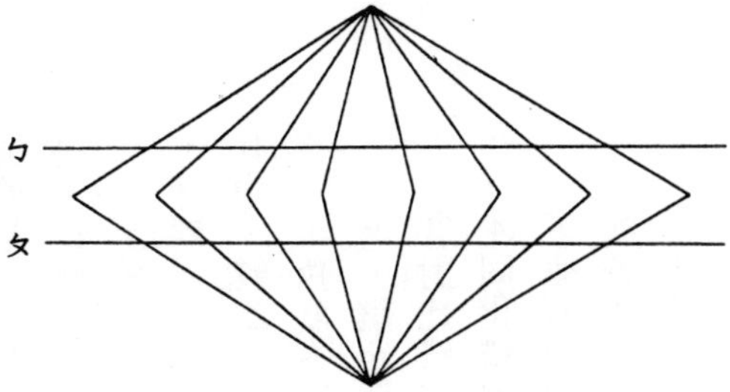

ㄅ、ㄆ兩線是平行的。但，因受到周圍圖形的影響，看起來就有點彎曲。

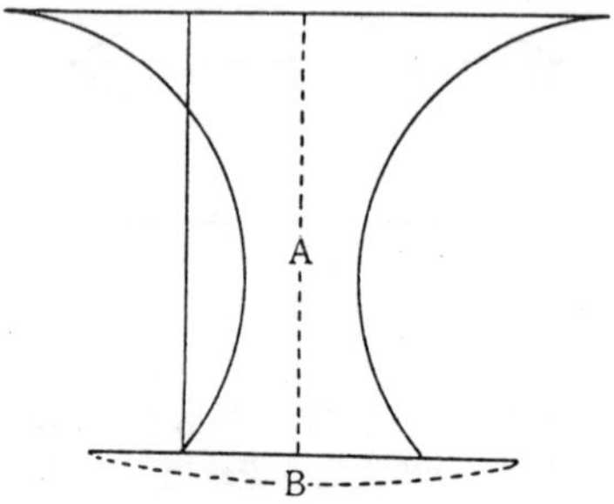

A、B是同樣長度的線，但是，垂直線給人的感覺較長。

最先把此般錯覺，做學問上研究的是，十九世紀德國科學家佛雷德・歐爾納。

至於，此種現象是如何發生的，直到現在仍有不能解明的疑點，其中，較為人們熟知的是：

①角度方向的錯視。
②分離距離錯視。
③對比錯視。
④同化錯視。
⑤垂直錯視。

如圖所示，即一典型例子。

看此種圖可測知一個人，是易受騙的人？還是不易受騙的人。

第五章

你的婚姻如何？

●光明的未來看的到！

人們最感興趣的事情之一，應是婚姻吧？和誰？什麼時候？如何認識？什麼情形下決定結婚的呢？與你戀愛中的對象，會不會就是結婚對象？婚後，會成為怎樣的夫妻，或成為怎樣的父母？婚姻的路上會遇到什麼坎坷嗎？

其實，要獲知近未來狀況的線索，就在你身上。藉此，你可找到適合你的對象了。

問題 24 享受獨居的日子

你搬到新公寓去住。對獨自住的你來說，住在兩房一廳的房子算是蠻奢侈的。

其中，你會如何利用最向陽的那間房間呢？

①擺張餐桌當餐廳。
②擺些會客設備當會客室。
③放張床當寢室。
④擺個書架當書房。

回答 24

你的結婚時期

〈解說〉

你究竟會和誰？什麼時候？交往經過如何而結婚的呢？

婚後會過什麼樣的生活？

這應是任何你人都感興趣的吧！

此測驗中，所謂的「最向陽的房間」，就表示著你對婚姻生活的期望。

〈診斷〉

①擺張餐桌當餐廳的人

你對婚姻懷有極大的夢想。你希望熱熱烈烈的戀愛一場，且期望有個華麗的婚禮，而婚後兩人仍像戀人般……。

但是，由於理想過高，所以總是不能如己願，而結婚的時期也就愈托愈遲。婚後的你，是以家庭為第一考量的人。

②擺些會客設備當會客室的人

喜歡熱鬧，不問男女朋友都很多的你，必有很多的戀愛機會。因此，也許在一場羅曼蒂克的戀愛後，你會來個閃電結婚。但是，另一方面，也有可能始終做朋友，無法發展為戀愛關係。

③放張床當寢室的人

你很冷靜，絕不會亂了自己的步調。對於婚姻，也有很合理的看法，即使已在熱戀中，也會仔細考慮對方是否為合適的結婚對象。

當你遇到一位理想的對象時，一定會主動追求。另外，由於你很重視條件，所以，經由相親而結婚的可能性很大。

④擺個書架當書房的人

好奇心強，「想這樣，想那樣」的你，對結婚並不很積極。

你因熱衷於工作和玩樂，所以，少有戀愛經驗。

但是，你是會在某天，突然決定結婚，讓周遭之人嚇一跳的人。

問題 25

跟著走的我

當你和男友在街上瀏覽櫥窗時，是不是曾發生，他看到某櫥窗的擺設很漂亮，就丟下你，自顧自的走到那盯著看的情形？

請問，你和他走在街上時的位置關係如何？

①他走在前頭。
②他走在你的後頭。
③兩人緊緊併排走。
④兩人雖併排走，但彼此間稍有距離。

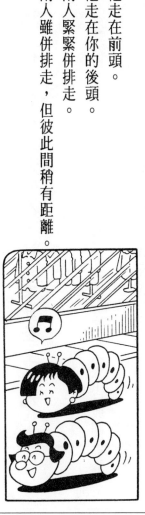

回答25　他是公司至上的人，還是家庭至上的人

〈解說〉

你也許沒有意識到此事，你和他一起走路時的位置關係，在不知不覺中已成固定型態。

而，依據他的位置如何，就可知道他對女性的潛在意識。

〈診斷〉

①他走在前頭

他是典型的愛出人頭地的人。對他而言，女性、工作都僅是為達晉昇的手段罷了。若有機會，他也不惜來個「政治結婚」。

婚後，他會視妻子為自己的附屬品，因此，若被調任，他會留下家人單身赴任。

②他走在你的後頭

在組織之中，若負有重任，他就會逐漸變成「重視公司的人」。

當然，他也很重視戀愛，但到最後，追求名譽和地位的心情仍是較強的。

現在的他，雖口口聲聲說：「妳比工作重要」，但，婚後的他，就會變成工作優先了。

③兩人緊緊併排走

總之，他是不能沒有你的。他把跟你在一起的時間，看的比什麼都重要。婚後的他，凡事以家庭為優先，如果家人反對，他就會拒絕調任。換句話說，他能晉昇與否是掌握在你手中。

④兩人雖併排走，但彼此間稍有距離

工作和戀愛，對他來說，是同等重要的，他認為男性和女性是對等的。不過，他稍有點優柔寡斷，以女性的立場來說，這是頗難以容忍的性格。「既希望出人頭地，又希望獲得愛情」的他，兩頭落空的危險性極大。

問題 26　秘密照片

你的戀人向你要照片。他表示要裝在相框裡，擺在房間的床頭櫃上。你所喜歡的照片中，有正面照的，有從右邊角度照的，有從左邊角度照的。

請問，你會選那張照片送他。

請照照鏡子，仔細考慮一下。

①正面照的照片。
②從左邊角度照的照片。
③從右邊角度照的照片。

回答 26

臉的左右表情不同

〈解說〉

仔細看看你的臉，你會發現你的臉左右是不對稱的。再漂亮的人也一樣。

照鏡子時，很多人光從正面看自己，然，他人卻是會從前後左右各方向看我們的。所以，常有人說，他人眼中的你，比你眼中的你，還清楚你。

一般說來，人的左半邊臉，表情較豐富且較柔和。右半邊的臉則給人較冷淡的印象。

性格明星照相時，總是採同一角度的理由就在於此了。

本測驗，即根據你希望讓人看到的臉部角度，來探知你的性格。

〈診斷〉

①選擇正面照的人

選舉用的海報，或消防隊、警察局等的海報裡的模特兒，幾乎都是採正面照。這可解釋為，其所採取的是不偏於任一方的中庸態度。

選擇正面照片的你，認真、誠實。不喜歡賭博或做大的冒險，屬於以努力獲得成功的類型。

不論是誰都對你有好感。在工作上，也很令對方安心。

但是，由於太沒有個性，以致在推銷自己方面很弱。所以，應更積極點才好。

②選擇左邊角度的人

從左邊角度拍，臉部稍朝下的照片，能顯示出柔和、謙虛的一面，與誰都談得來的你，在工作場所中，常擔任居中調停的工作。

喜歡從左邊角度拍，且臉部稍上揚照片的人，雖有著強烈的自我顯示慾，但，卻能給

他人好印象。這種人能藉著第一印象推銷自己，而獲得大機會。

③選擇右邊角度的人

右半邊的臉部較沒有表情，因此，易予人冷淡的印象。

又，日常生活中的精神壓力會直接的表現在我們的臉上，疲倦時，你不妨看看你的右半邊的臉……。

喜歡從右邊角度拍，且臉部稍向下照片的人，有著強烈的自我主張，非常執著於自己的看法及做法。

而右偏且稍上揚的臉部，有著若隱若現的領導者的自信。

總之，你是自信能在激烈競爭的社會中生存下去的人。

問題 27

山與河的故事

很久很久以前，有個老公公和老婆婆住在深山裡。有一天，老公公上山去砍柴，老婆婆到河邊洗衣服……。

這是大家所熟悉的童話故事「桃太郎」的開頭部分。在此，請想像一下這個故事的情景。

你所想像的山與河的風景，近似於下面中的哪一個呢？

Ⓐ

ⓐ

Ⓓ　Ⓒ　Ⓑ

ⓒ　ⓑ

回答 27

說明戀愛的經驗

〈解說〉

本測驗依據你所想像的山和河的形狀，來判斷你的性慾求度。山，本就是男性度的表徵，河，則象徵著人的一生。

〈診斷〉

Ⓐ尖聳型的山

你是個精力旺盛，性感度極高的人。你對性的慾求相當強烈。

Ⓑ鋸齒狀的山

你的精力普通，對異常的性愛感興趣。當有著強烈的慾求不滿時，就可能在異性問題上起糾紛。

Ⓒ圓型的山

你雖是活力充沛的行動派，但，對性卻相當淡漠。你追求的不是熾烈的激情，而是平淡而穩定的感情。

Ⓓ富士山型的山

你對性的看法不脫常情，不喜歡遊戲人間的情愛。很體貼戀人，不會故意傷害對方。

ⓐ直直流的河

你是不介意過往之事的樂天派。你很懂得享受眼前戀愛的人。現在的你，很迷戀你的戀人，且在性方面，處於滿足的狀態。

只是，你不太禁得起誘惑，常有「冒險一下」的念頭，而這，也是導致日後糾紛的原因。

(b)彎彎曲曲的河流

你有著豐富的戀愛經驗，因此，你的過去可說是悲喜交集。而對今後的生活，你所追求的也是富變化和刺激的生活。

你嚮往羅曼蒂克的戀愛，因此，見異思遷的危險度很高。當生活千篇一律時，就得小心了。

(c)朝橫方向流的河

孩童畫的河流，多半是直直的橫流的河。這也是人生經驗淺，心地純潔的証據。

而畫此種河流的成人，乃表示，他一直過著幸福的生活，沒有遭遇過很大的煩惱。

婚後，他必是好丈夫，或好妻子。

問題 28

24小時中，你都做些什麼？

請回顧一下你的日常生活。

問1　時鐘慢了，你會馬上校正過來嗎？（是／否）
問2　你時時有著不浪費時間的想法？（是／否）
問3　與他人約會時，你會比約定的時間早到嗎？（是／否）
問4　出門時，你一定戴手錶？（是／否）
問5　昨天的這時你在做什麼？你能馬上想出來嗎？（是／否）
問6　現在的你有熱衷於某事嗎？（是／否）
問7　飯後三十分鐘左右的時間，你都是悠閑的打發掉嗎？（是／否）
問8　你有非看不可的電視節目嗎？（是／否）
問9　你有每天必做的日課嗎（是／否）

問10　你可以同時做很多件事嗎？（是／否）

問11　你不排斥常常吃速食？（是／否）

問12　你常利用像便利商店般的服務業嗎？（是／否）

問13　你每天都定時吃三餐嗎？（是／否）

問14　有急事時，即使距離很近，也要搭計程車？（是／否）

問15　你很注意電器製品的新資訊？（是／否）

問16　你記得常光顧的店之休息日和營業時間嗎？（是／否）

問17　你會先把一天的行事安排好？（是／否）

問18　工作或讀書時，你總是全神貫注嗎？（是／否）

問19　外出時，你會帶很多錢嗎？（是／否）

問20　你認為時間和金錢同等重要嗎？（是／否）

回答 28

你是個怎樣的太太？

〈解說〉

人們常說：「時間就是金錢」，擅不擅於運用時間，可左右一個人的人生。每一個人一天都擁有二十四小時，而能有效率、有意義使用它的人，就能過著與他人有別的生活。在此，預想一下你當了主婦後的家庭生活。

〈診斷〉

依回答「是」的數目，即可判斷你的類型。

20～16……（A型）
15～11……（B型）
10～6……（C型）
5～0……（D型）

〈A型＝擅於活用時間的人〉

不管什麼事，你都是全心全意，積極的投入。你很會運用時間，在行動前，喜歡立下清楚的計劃。

你把家事處理的井井有條，滿心歡喜的建立自己理想的家庭。如此戰戰兢兢，努力要做模範太太的你，一旦事情未照計劃進行，就會焦慮不已，所以，訂立長期計劃時，你有必要彈性一點，讓自己有喘息的時間。

〈B型＝我行我素型〉

你是照自己的意思過活的人。你從不勉強自己，總是愉快的工作者，即使是單調的家事，你也能樂在其中。你是家人的中心，從不對孩子和丈夫施加壓力。

你很懂得排除自己的精神壓力，不論是遊樂、家事，都是一把罩的好太太。

你很會克制自己，所以，不會在感情上出差錯，因此，家庭總是瀰漫溫馨、和諧的氣氛。

12
9
6

在遇到失敗時，你也會開朗的一笑置之。

＜C型＝慾求不滿型＞

你雖有很多好點子，卻都沒有付諸行動，因為，你抱持的生活態度是得過且過，所以，甚不積極。你時常會改變預定的計劃，以致浪費了很多的時間。

如果你不要再以「我辦不到」為藉口，有效率的積極行動的話，你會意外的發現，時間是很夠用的。

不要把自己封閉在家裡，多與外面接觸，你的家庭生活會變得更生趣。

＜D型＝悠哉游哉型＞

凡事都持無所謂態度的你，頗讓周遭之人擔心。

你不是會為家人盡心盡力的人，一有時間，你就花在自己的興趣和玩樂上。

你若再不多花點心思在家庭上，恐有發生波瀾的可能。

問題29　小鳥和貓

午後的公園，小鳥們在暖洋洋的陽光下啄食。突然，有隻貓從樹後躡手躡腳的向鳥兒們走去。

請問，接著會出現什麼樣的光景？在下面中選出最近似於你的想像之答案。

①貓偷襲成功，捉住鳥。
②貓沒有偷襲成功，鳥兒全嚇的飛走了。
③貓不對鳥兒感興趣，只是躺下來晒太陽。

回答 29

表現你的體貼度

〈解說〉

本測驗，是要探知你控制自身感情的程度。

與人交往時，時時會有需抑制自己的場合出現。

總是認為自己對的人，難有圓滑的人際關係。若想有圓滑的人際關係，必需要有為他人著想的心理。

當然，在一切都處於很順利的狀態時，誰都能表現出擅於體貼的紳士或淑女的風範。

但是，在被逼到窘迫的境地時，任何人都會現出本性來。

例如：當你面臨緊急狀態時，你還能為周遭的事或人，著想多少呢？

一向表現很強的人，面臨危險時也有陷入恐慌的可能，相反的，看似懦弱的人，卻意外的在面臨危險時，表現很勇敢。

愈是把本測驗往壞的方面聯想的人，在被逼到窘境時愈脆弱。遇有危機能往好方面想的人，乃是能自我克制的人。

那麼，將來你的婚姻生活有所摩擦時，你會採取什麼樣的態度呢？

〈診斷〉

①回答貓偷襲鳥成功的人

你的感情起伏很激烈，易動怒。

你對人的好惡很分明，對不喜歡的人絕不假以好色。相反的，對喜歡的人，則是極溫柔、極親切，很多像你這樣的人，在婚後才逐漸發現對方的缺點，而愈來愈無法忍耐。

有時候，你會為了點小事，和對方大打出手，或大吵一架，將場面弄得不可收拾。

②回答貓沒有偷襲成功，鳥兒嚇的全飛走的人

你很能克制自己的感情，不會將不悅表現於外。

你討厭與人針鋒相對，即使心中氣憤不已，也不會口出惡言。你是忍耐力極大的人，因此，常有慾求不滿的情形發生。

精神壓力若一而再的累積，會有損健康。因此，你最好能讓你的伴侶，真正瞭解你內心的真正感覺。

③回答貓不偷襲鳥的人

你不會被感情支配，是個很穩定的人。

一旦在人際關係上發生摩擦，你都會本著尊重對方的立場，冷靜的加以判斷，只要不是太過分的情形，你都能圓滿的解決紛爭。

問題 30

請把你的他的事告訴我們

在此，請回答關於你的他的事。

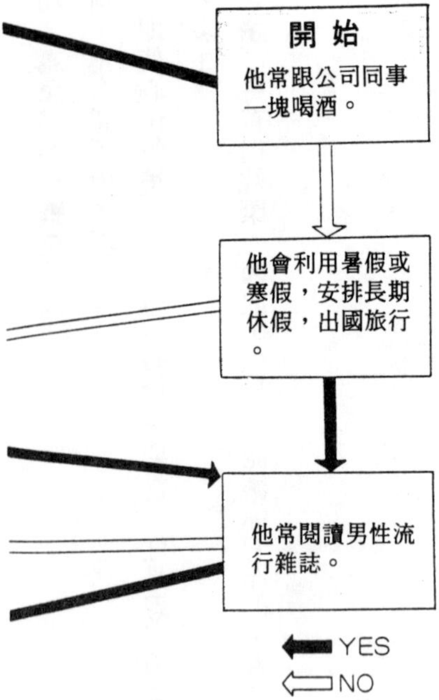

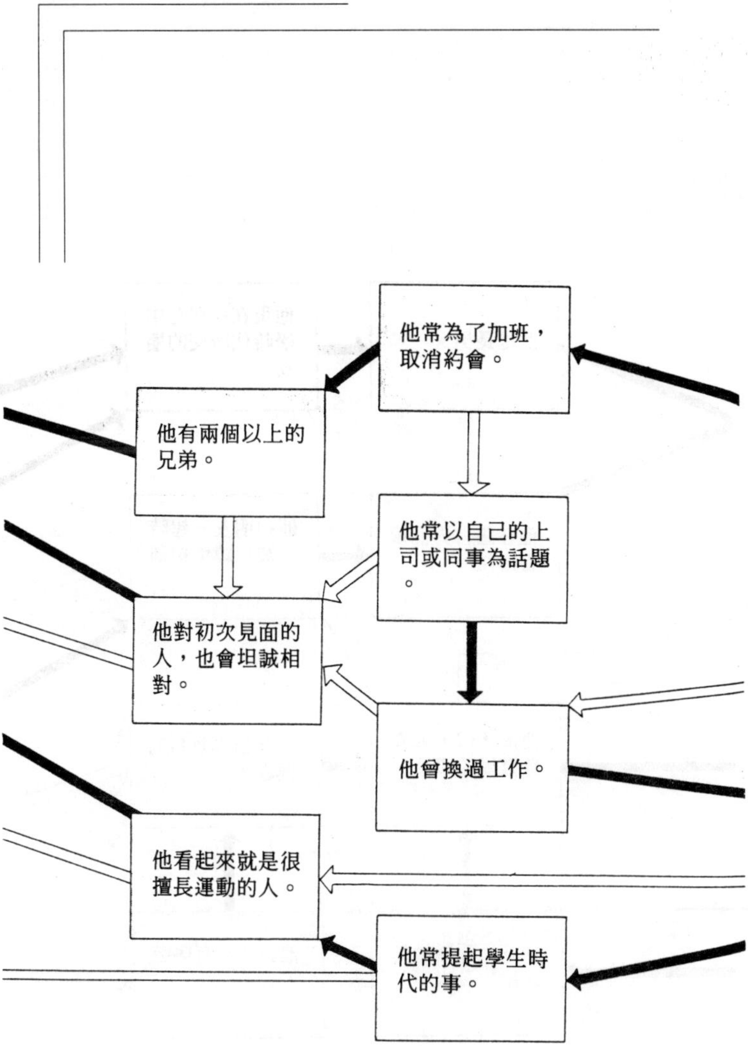
他常為了加班，
取消約會。
他有兩個以上的
兄弟。
他常以自己的上
司或同事為話題
。
他對初次見面的
人，也會坦誠相
對。
他曾換過工作。
他看起來就是很
擅長運動的人。
他常提起學生時
代的事。

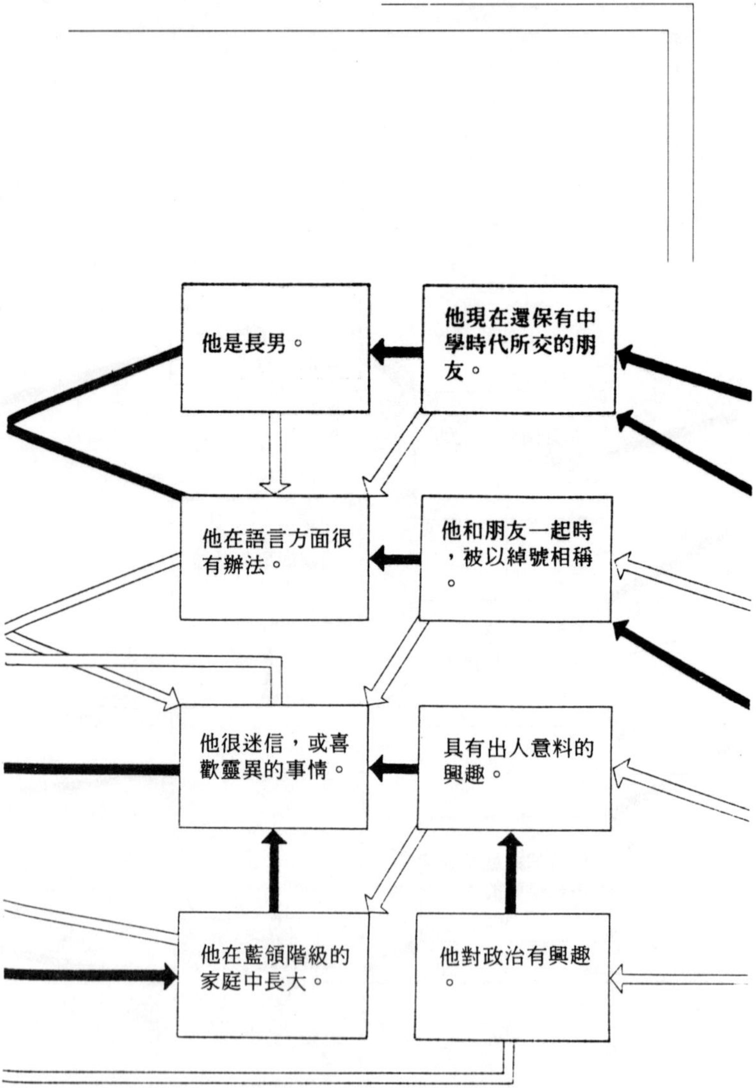
他是長男。
他現在還保有中學時代所交的朋友。
他在語言方面很有辦法。
他和朋友一起時，被以綽號相稱。
他很迷信，或喜歡靈異的事情。
具有出人意料的興趣。
他在藍領階級的家庭中長大。
他對政治有興趣。

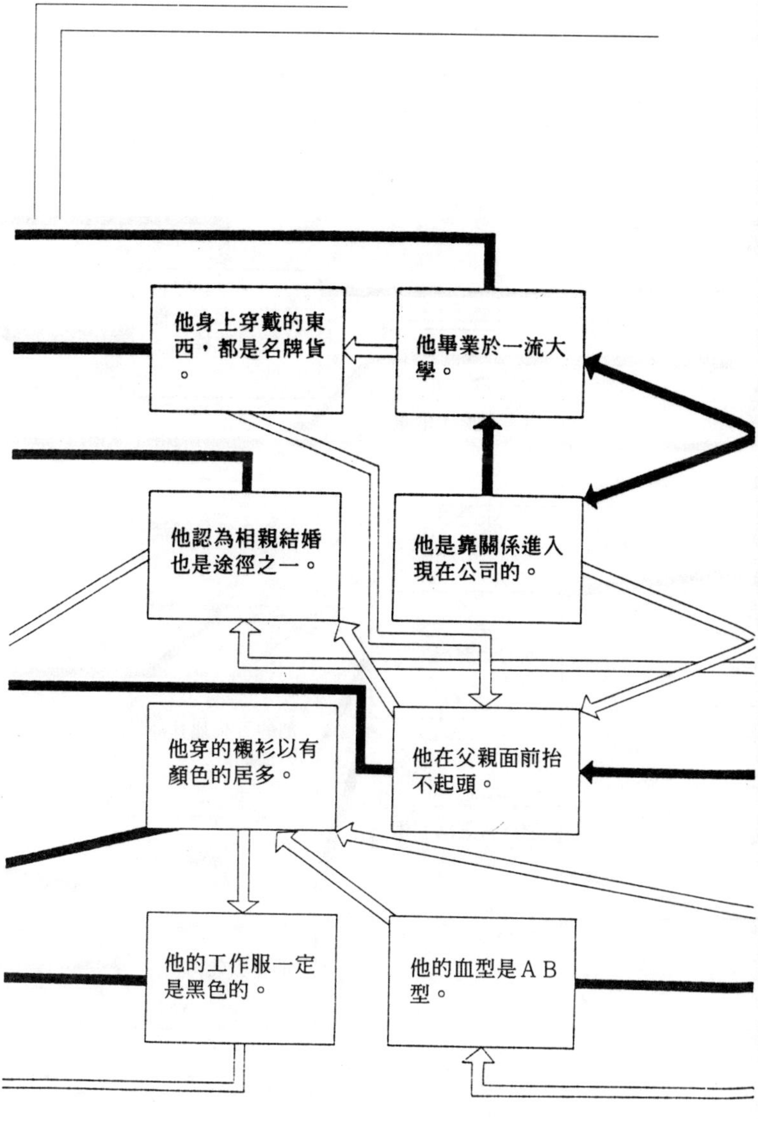
他身上穿戴的東西，都是名牌貨。
他畢業於一流大學。
他認為相親結婚也是途徑之一。
他是靠關係進入現在公司的。
他穿的襯衫以有顏色的居多。
他在父親面前抬不起頭。
他的工作服一定是黑色的。
他的血型是ＡＢ型。

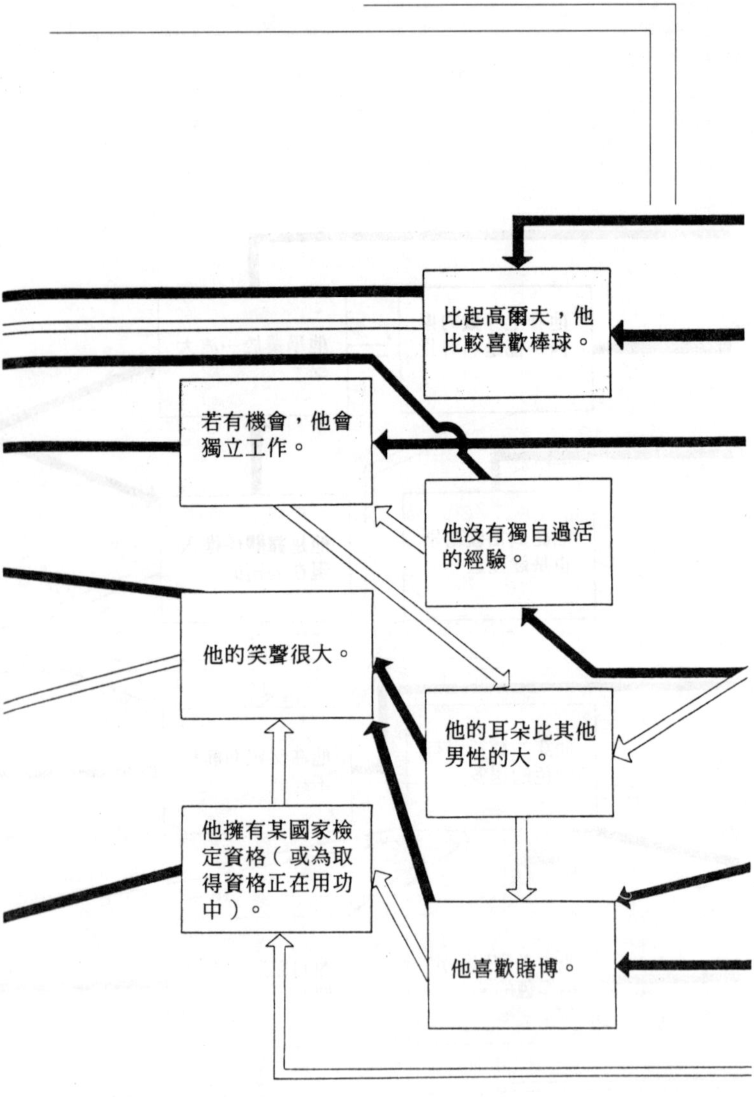
比起高爾夫，他比較喜歡棒球。
若有機會，他會獨立工作。
他沒有獨自過活的經驗。
他的笑聲很大。
他的耳朵比其他男性的大。
他擁有某國家檢定資格（或為取得資格正在用功中）。
他喜歡賭博。

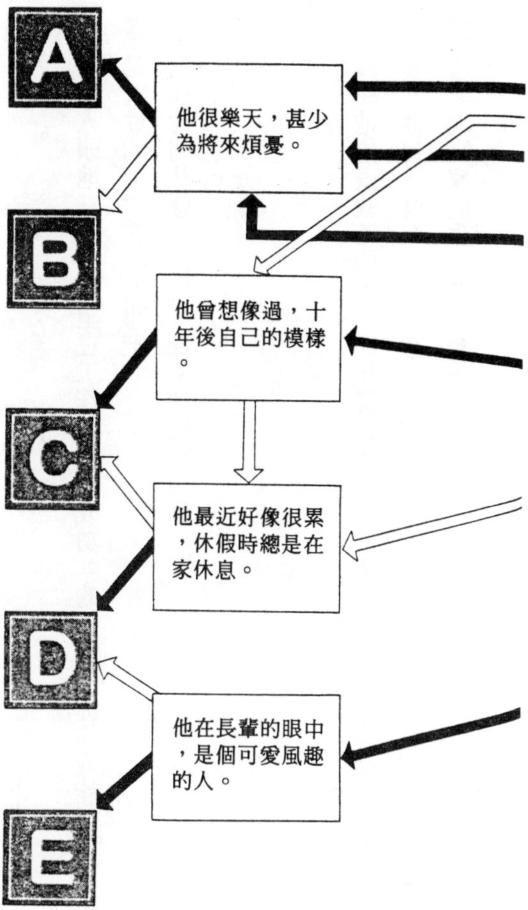
A
他很樂天，甚少為將來煩憂。
B
他曾想像過，十年後自己的模樣。
C
他最近好像很累，休假時總是在家休息。
D
他在長輩的眼中，是個可愛風趣的人。
E

回答30

明白他的昇遷機會

〈解說〉

誰都有「希望出人頭地」，「希望在工作上獲得成功」的慾望。你的他能否如其所願獲得晉昇？這應是女性的你很在意的事吧！

在此，將由現在他的狀態和性格，探索他的將來性。

〈診斷〉

〈A型〉

他不是對金錢和地位很執著的人，比起獲得晉昇，他更在意的是，享受眼前的生活。即使有很大的機會。他也不會有很大的意欲去和他人相爭。比起工作或公司，他寧願把時間花在與朋友交往，充實家庭生活或興趣等方面。

就上班族來說，他不是很希望獲得晉昇，期望出人頭地的人，他只想過著安定生活。

〈B型〉

他對工作表現得很積極、很投入，但以現在的狀態來說，他少有能發揮才能的機會。雖然他得以進入所希望的公司，但卻被分配到不在行的部門，或與上司的性格不合等，因此，工作環境實在不是很好。

他若一旦遭遇失敗，很可能就會鬥志全失，如果想獲得晉昇，應儘快換個工作，或埋頭讀書以取得資格。

〈C型〉

他有強烈向上爬的意欲，對工作充滿狂勁。

在工作場上，若能得到上司賞識，就能發揮實力以上的能力，極有獲得晉昇的可能，相反的，一旦被人排擠在昇遷管道之外，就因承受不了打擊而變得對什麼事都提不起勁。

換句話說，在性格上，他有任性、孩子氣的一面。其命運的浮沈很激烈，人生實在是不平凡的，總之，他能否獲得晉昇，與周遭之人，尤其是上司，有著極大的關係。

〈D型〉

他是能在所處的環境中，充分發揮自己能力的人，雖然他不是有意識地汲汲於昇遷，但，他比一般的上班族更有昇遷的機會。

不論處在何種逆境，他都會往好的方面想，努力以赴，所以，自然會有機會降臨在他身上。

又，他也頗得上司和同事們的信賴，可說是個工作運很好的人。

如果他一旦受到挫折，可能會忘了成功是努力所得的結果，而一味急著想獲得晉昇。

〈E型〉

他是所謂的拼命三郎的男性。他不僅有實力，且幸運的能得到周遭之人的協助而得以晉昇。

不管遇到多少失敗，他也毫不退縮，仍努力的工作，因此能得到周遭之人的協助和諒解。就算是有勁敵出現，他也不認輸，反而更鬥志昂揚的與之競爭。但是，他若成為領導者，極有可能成為獨裁者。

錯覺遊戲⑤——專欄

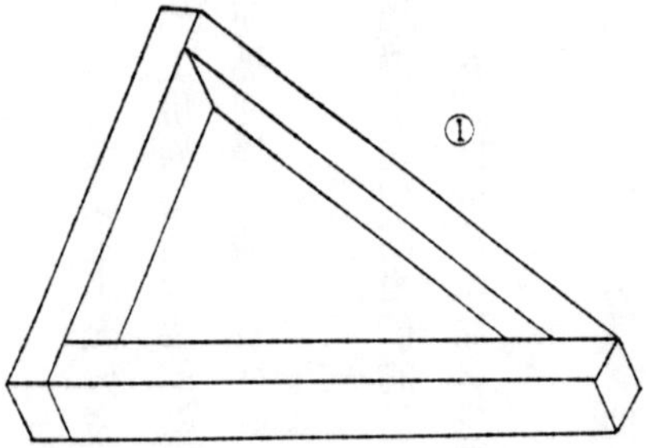

①

這個世界上還有很多領域是為人所不能瞭解的，例如：超科學和神秘事物。

下面的五樣東西中，有的是不能當做工具使用的奇怪東西。

究竟是哪些呢？

請在五秒鐘內指出。

＊　＊　＊

奇怪的東西是②和⑤，如果你的答案是這兩個，表示你的知覺很

②

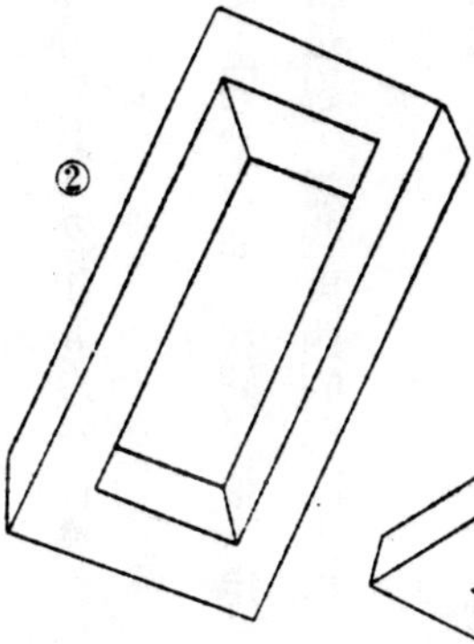

③

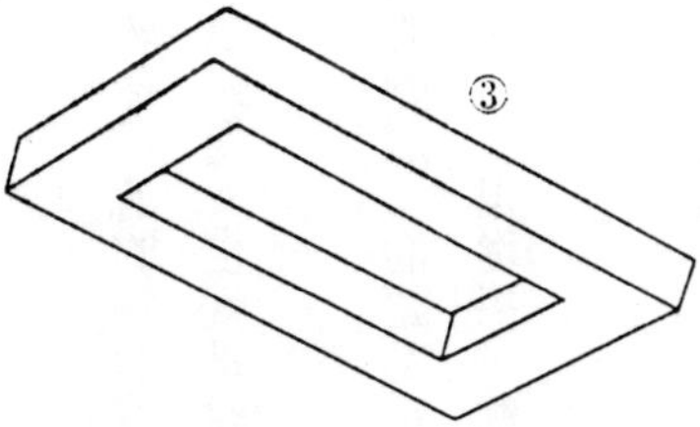

④

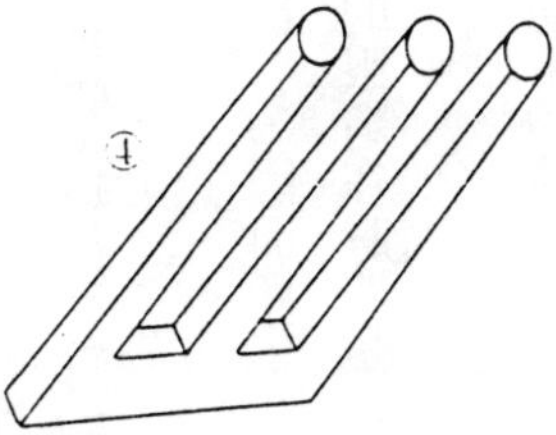

⑤

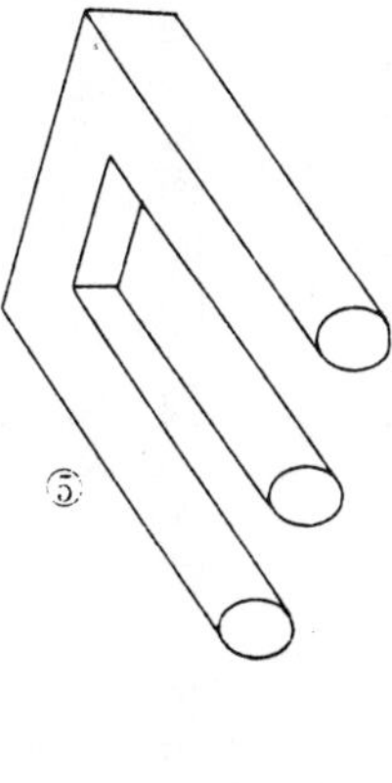

正確。

就部分來看，②和⑤沒有什麼奇怪的地方，所以，我們會判斷它們是「對的東西」。

但是，另一方面，我們又會否定「這種東西不實在」，因而產生知覺上的混亂。

也就是說，這些東西的形狀告訴了我們：「我們的眼睛在瞬間是很容易受欺瞞的。」

諸如此般的，人在看到曖昧不清的圖形時，會有如下的情形出現。

Ⓐ由於知覺困難，認為是錯覺。也就是說，雖能知覺，但在經驗上卻覺得不對，因而認為是錯覺。

Ⓑ在腦中想到兩個不同的圖形，而認為是不能知覺的。以某一方向看起來是A圖形，但從另一觀點看則是B圖形的時候，人就會認為A、B是共存的。

大展出版社有限公司	圖書目錄

地址：台北市北投區11204
致遠一路二段12巷1號
電話：（02）8236031
8236033
郵撥： 0166955～1
傳眞：（02）8272069

•法律專欄連載•電腦編號58

台大法學院 法律學系／策劃
法律服務社／編著

①別讓您的權利睡著了1	180元
②別讓您的權利睡著了2	180元

•趣味心理講座•電腦編號15

①性格測驗1	探索男與女	淺野八郎著	140元
②性格測驗2	透視人心奧秘	淺野八郎著	140元
③性格測驗3	發現陌生的自己	淺野八郎著	140元
④性格測驗4	發現你的眞面目	淺野八郎著	140元
⑤性格測驗5	讓你們吃驚	淺野八郎著	140元
⑥性格測驗6	洞穿心理盲點	淺野八郎著	140元
⑦性格測驗7	探索對方心理	淺野八郎著	140元
⑧性格測驗8	由吃認識自己	淺野八郎著	140元
⑨性格測驗9	戀愛知多少	淺野八郎著	140元

•婦 幼 天 地•電腦編號16

①八萬人減肥成果	黃靜香譯	150元
②三分鐘減肥體操	楊鴻儒譯	130元
③窈窕淑女美髮秘訣	柯素娥譯	130元
④使妳更迷人	成　玉譯	130元
⑤女性的更年期	官舒妍編譯	130元
⑥胎內育兒法	李玉瓊編譯	120元
⑦愛與學習	蕭京凌編譯	120元
⑧初次懷孕與生產	婦幼天地編譯組	180元
⑨初次育兒12個月	婦幼天地編譯組	180元
⑩斷乳食與幼兒食	婦幼天地編譯組	180元
⑪培養幼兒能力與性向	婦幼天地編譯組	180元
⑫培養幼兒創造力的玩具與遊戲	婦幼天地編譯組	180元

⑬幼兒的症狀與疾病	婦幼天地編譯組	180元
⑭腿部苗條健美法	婦幼天地編譯組	150元
⑮女性腰痛別忽視	婦幼天地編譯組	130元
⑯舒展身心體操術	李玉瓊編譯	130元
⑰三分鐘臉部體操	趙薇妮著	120元
⑱生動的笑容表情術	趙薇妮著	120元
⑲心曠神怡減肥法	川津祐介著	130元
⑳內衣使妳更美麗	陳玄茹譯	130元
㉑瑜伽美姿美容	黃靜香編著	150元

•青 春 天 地• 電腦編號17

①A血型與星座	柯素娥編譯	120元
②B血型與星座	柯素娥編譯	120元
③O血型與星座	柯素娥編譯	120元
④AB血型與星座	柯素娥編譯	120元
⑤青春期性教室	呂貴嵐編譯	130元
⑥事半功倍讀書法	王毅希編譯	130元
⑦難解數學破題	宋釗宜編譯	130元
⑧速算解題技巧	宋釗宜編譯	130元
⑨小論文寫作秘訣	林顯茂編譯	120元
⑩視力恢復！超速讀術	江錦雲譯	130元
⑪中學生野外遊戲	熊谷康編著	120元
⑫恐怖極短篇	柯素娥編譯	130元
⑬恐怖夜話	小毛驢編譯	130元
⑭恐怖幽默短篇	小毛驢編譯	120元
⑮黑色幽默短篇	小毛驢編譯	120元
⑯靈異怪談	小毛驢編譯	130元
⑰錯覺遊戲	小毛驢編譯	130元
⑱整人遊戲	小毛驢編譯	120元
⑲有趣的超常識	柯素娥編譯	130元
⑳哦！原來如此	林慶旺編譯	130元
㉑趣味競賽100種	劉名揚編譯	120元
㉒數學謎題入門	宋釗宜編譯	150元
㉓數學謎題解析	宋釗宜編譯	150元
㉔透視男女心理	林慶旺編譯	120元
㉕少女情懷的自白	李桂蘭編譯	120元
㉖由兄弟姊妹看命運	李玉瓊編譯	130元
㉗趣味的科學魔術	林慶旺編譯	150元
㉘趣味的心理實驗室	李燕玲編譯	150元
㉙愛與性心理測驗	小毛驢編譯	130元

㉚刑案推理解謎	小毛驢編譯	130元
㉛偵探常識推理	小毛驢編譯	130元
㉜偵探常識解謎	小毛驢編譯	130元
㉝偵探推理遊戲	小毛驢編譯	130元
㉞趣味的超魔術	廖玉山編著	150元
㉟		

・健 康 天 地・電腦編號18

①壓力的預防與治療	柯素娥編譯	130元
②超科學氣的魔力	柯素娥編譯	130元
③尿療法治病的神奇	中尾良一著	130元
④鐵證如山的尿療法奇蹟	廖玉山譯	120元
⑤一日斷食健康法	葉慈容編譯	120元
⑥胃部強健法	陳炳崑譯	120元
⑦癌症早期檢查法	廖松濤譯	130元
⑧老人痴呆症防止法	柯素娥編譯	130元
⑨松葉汁健康飲料	陳麗芬編譯	130元
⑩揉肚臍健康法	永井秋夫著	150元
⑪過勞死、猝死的預防	卓秀貞編譯	130元
⑫高血壓治療與飲食	藤山順豐著	150元
⑬老人看護指南	柯素娥編譯	150元
⑭美容外科淺談	楊啟宏著	150元
⑮美容外科新境界	楊啟宏著	150元

・實用心理學講座・電腦編號21

①拆穿欺騙伎倆	多湖輝著	140元
②創造好構想	多湖輝著	140元
③面對面心理術	多湖輝著	140元
④偽裝心理術	多湖輝著	140元
⑤透視人性弱點	多湖輝著	140元
⑥自我表現術	多湖輝著	150元
⑦不可思議的人性心理	多湖輝著	150元
⑧催眠術入門	多湖輝著	150元

・超現實心理講座・電腦編號22

①超意識覺醒法	詹蔚芬編譯	130元
②護摩秘法與人生	劉名揚編譯	130元
③秘法！超級仙術入門	陸　明譯	150元

④給地球人的訊息	柯素娥編著	150元
⑤密教的神通力	劉名揚編著	130元

・心 靈 雅 集・電腦編號00

①禪言佛語看人生	松濤弘道著	150元
②禪密教的奧秘	葉逯謙譯	120元
③觀音大法力	田口日勝著	120元
④觀音法力的大功德	田口日勝著	120元
⑤達摩禪106智慧	劉華亭編譯	150元
⑥有趣的佛教研究	葉逯謙編譯	120元
⑦夢的開運法	蕭京凌譯	130元
⑧禪學智慧	柯素娥編譯	130元
⑨女性佛教入門	許俐萍譯	110元
⑩佛像小百科	心靈雅集編譯組	130元
⑪佛教小百科趣談	心靈雅集編譯組	120元
⑫佛教小百科漫談	心靈雅集編譯組	150元
⑬佛教知識小百科	心靈雅集編譯組	150元
⑭佛學名言智慧	松濤弘道著	180元
⑮釋迦名言智慧	松濤弘道著	180元
⑯活人禪	平田精耕著	120元
⑰坐禪入門	柯素娥編譯	120元
⑱現代禪悟	柯素娥編譯	130元
⑲道元禪師語錄	心靈雅集編譯組	130元
⑳佛學經典指南	心靈雅集編譯組	130元
㉑何謂「生」　阿含經	心靈雅集編譯組	130元
㉒一切皆空　般若心經	心靈雅集編譯組	130元
㉓超越迷惘　法句經	心靈雅集編譯組	130元
㉔開拓宇宙觀　華嚴經	心靈雅集編譯組	130元
㉕真實之道　法華經	心靈雅集編譯組	130元
㉖自由自在　涅槃經	心靈雅集編譯組	130元
㉗沈默的教示　維摩經	心靈雅集編譯組	130元
㉘開通心眼　佛語佛戒	心靈雅集編譯組	130元
㉙揭秘寶庫　密教經典	心靈雅集編譯組	130元
㉚坐禪與養生	廖松濤譯	110元
㉛釋尊十戒	柯素娥編譯	120元
㉜佛法與神通	劉欣如編著	120元
㉝悟（正法眼藏的世界）	柯素娥編譯	120元
㉞只管打坐	劉欣如編譯	120元
㉟喬答摩・佛陀傳	劉欣如編著	120元
㊱唐玄奘留學記	劉欣如編譯	120元

㊲佛教的人生觀	劉欣如編譯	110元
㊳無門關（上卷）	心靈雅集編譯組	150元
㊴無門關（下卷）	心靈雅集編譯組	150元
㊵業的思想	劉欣如編著	130元
㊶佛法難學嗎	劉欣如著	140元
㊷佛法實用嗎	劉欣如著	140元
㊸佛法殊勝嗎	劉欣如著	140元
㊹因果報應法則	李常傳編	140元
㊺佛教醫學的奧秘	劉欣如編著	150元

•經 營 管 理•電腦編號01

◎創新經營六十六大計（精）	蔡弘文編	780元
①如何獲取生意情報	蘇燕謀譯	110元
②經濟常識問答	蘇燕謀譯	130元
③股票致富68秘訣	簡文祥譯	100元
④台灣商戰風雲錄	陳中雄著	120元
⑤推銷大王秘錄	原一平著	100元
⑥新創意•賺大錢	王家成譯	90元
⑦工廠管理新手法	琪　輝著	120元
⑧奇蹟推銷術	蘇燕謀譯	100元
⑨經營參謀	柯順隆譯	120元
⑩美國實業24小時	柯順隆譯	80元
⑪撼動人心的推銷法	原一平著	120元
⑫高竿經營法	蔡弘文編	120元
⑬如何掌握顧客	柯順隆譯	150元
⑭一等一賺錢策略	蔡弘文編	120元
⑮世界經濟戰爭	約翰•渥洛諾夫著	120元
⑯成功經營妙方	鐘文訓著	120元
⑰一流的管理	蔡弘文編	150元
⑱外國人看中韓經濟	劉華亭譯	150元
⑲企業不良幹部群相	琪輝編著	120元
⑳突破商場人際學	林振輝編著	90元
㉑無中生有術	琪輝編著	140元
㉒如何使女人打開錢包	林振輝編著	100元
㉓操縱上司術	邑井操著	90元
㉔小公司經營策略	王嘉誠著	100元
㉕成功的會議技巧	鐘文訓編譯	100元
㉖新時代老闆學	黃柏松編著	100元
㉗如何創造商場智囊團	林振輝編譯	150元
㉘十分鐘推銷術	林振輝編譯	120元

㉙五分鐘育才	黃柏松編譯	100元
㉚成功商場戰術	陸明編譯	100元
㉛商場談話技巧	劉華亭編譯	120元
㉜企業帝王學	鐘文訓譯	90元
㉝自我經濟學	廖松濤編譯	100元
㉞一流的經營	陶田生編著	120元
㉟女性職員管理術	王昭國編譯	120元
㊱ＩＢＭ的人事管理	鐘文訓編譯	150元
㊲現代電腦常識	王昭國編譯	150元
㊳電腦管理的危機	鐘文訓編譯	120元
㊴如何發揮廣告效果	王昭國編譯	150元
㊵最新管理技巧	王昭國編譯	150元
㊶一流推銷術	廖松濤編譯	120元
㊷包裝與促銷技巧	王昭國編譯	130元
㊸企業王國指揮塔	松下幸之助著	120元
㊹企業精鋭兵團	松下幸之助著	120元
㊺企業人事管理	松下幸之助著	100元
㊻華僑經商致富術	廖松濤編譯	130元
㊼豐田式銷售技巧	廖松濤編譯	120元
㊽如何掌握銷售技巧	王昭國編著	130元
㊾一分鐘推銷員	廖松濤譯	90元
㊿洞燭機先的經營	鐘文訓編譯	150元
51ＩＢＭ成功商法	巴克・羅傑斯著	130元
52新世紀的服務業	鐘文訓編譯	100元
53成功的領導者	廖松濤編譯	120元
54女推銷員成功術	李玉瓊編譯	130元
55ＩＢＭ人才培育術	鐘文訓編譯	100元
56企業人自我突破法	黃琪輝編著	150元
57超級經理人	羅拔・海勒著	100元
58財富開發術	蔡弘文編著	130元
59成功的店舖設計	鐘文訓編著	150元
60靈巧者成功術	鐘文訓編譯	150元
61企管回春法	蔡弘文編著	130元
62小企業經營指南	鐘文訓編譯	100元
63商場致勝名言	鐘文訓編譯	150元
64迎接商業新時代	廖松濤編譯	100元
65透視日本企業管理	廖松濤　譯	100元
66新手股票投資入門	何朝乾　編	180元
67上揚股與下跌股	何朝乾編譯	150元
68股票速成學	何朝乾編譯	180元
69理財與股票投資策略	黃俊豪編著	180元

⑳黃金投資策略	黃俊豪編著	180元
㉑厚黑管理學	廖松濤編譯	180元
㉒股市致勝格言	呂梅莎編譯	180元
㉓透視西武集團	林谷燁編譯	150元
㉔推銷改變我的一生	柯素娥　譯	120元
㉕推銷始於被拒	盧媚璟　譯	120元
㉖巡迴行銷術	陳蒼杰譯	150元
㉗推銷的魔術	王嘉誠譯	120元
㉘60秒指導部屬	周蓮芬編譯	150元
㉙精銳女推銷員特訓	李玉瓊編譯	130元
㊵企劃、提案、報告圖表的技巧	鄭　汶　譯	180元
㊶海外不動產投資	許達守編譯	150元
㊷八百件的世界策略	李玉瓊譯	150元
㊸服務業品質管理	吳宜芬譯	180元
㊹零庫存銷售	黃東謙編譯	150元
㊺三分鐘推銷管理	劉名揚編譯	150元
㊻推銷大王奮鬥史	原一平著	150元
㊼豐田汽車的生產管理	林谷燁編譯	150元

•成功寶庫• 電腦編號02

①上班族交際術	江森滋著	100元
②拍馬屁訣竅	廖玉山編譯	110元
③一分鐘適應法	林曉陽譯	90元
④聽話的藝術	歐陽輝編譯	110元
⑥克服逆境的智慧	廖松濤　譯	100元
⑦不可思議的人性心理	多湖輝　著	120元
⑧成功的人生哲學	劉明和　譯	120元
⑨求職轉業成功術	陳　義編著	110元
⑩上班族禮儀	廖玉山編著	120元
⑪接近心理學	李玉瓊編著	100元
⑫創造自信的新人生	廖松濤編著	120元
⑬卡耐基的人生指南	林曉鐘編譯	120元
⑭上班族如何出人頭地	廖松濤編著	100元
⑮神奇瞬間瞑想法	廖松濤編譯	100元
⑯人生成功之鑰	楊意苓編著	150元
⑱潛在心理術	多湖輝　著	100元
⑲給企業人的諍言	鐘文訓編著	120元
⑳企業家自律訓練法	陳　義編譯	100元
㉑上班族妖怪學	廖松濤編著	100元
㉒猶太人縱橫世界的奇蹟	孟佑政編著	110元

㉓訪問推銷術	黃靜香編著	130元
㉔改運的秘訣	吳秀美　譯	120元
㉕你是上班族中強者	嚴思圖編著	100元
㉖向失敗挑戰	黃靜香編著	100元
㉗成功心理學	陳蒼杰　譯	100元
㉘墨菲成功定律	吳秀美　譯	130元
㉙機智應對術	李玉瓊編著	130元
㉚成功頓悟100則	蕭京凌編譯	130元
㉛掌握好運100則	蕭京凌編譯	110元
㉜知性幽默	李玉瓊編譯	130元
㉝熟記對方絕招	黃靜香編譯	100元
㉞男性成功秘訣	陳蒼杰編譯	130元
㉟超越巔峯者	C・加菲爾德著	130元
㊱業務員成功秘方	李玉瓊編著	120元
㊲察言觀色的技巧	劉華亭編著	130元
㊳一流領導力	施義彥編譯	120元
㊴一流說服力	李玉瓊編著	130元
㊵30秒鐘推銷術	廖松濤編譯	120元
㊶猶太成功商法	周蓮芬編譯	120元
㊷尖端時代行銷策略	陳蒼杰編著	100元
㊸顧客管理學	廖松濤編著	100元
㊹如何使對方說Yes	程　義編著	150元
㊺如何提高工作效率	劉華亭編著	150元
㊻企業戰術必勝法	黃靜香編著	130元
㊼上班族口才學	楊鴻儒譯	120元
㊽上班族新鮮人須知	程　義編著	120元
㊾如何左右逢源	程　義編著	130元
㊿語言的心理戰	多湖輝著	130元
51扣人心弦演說術	劉名揚編著	120元
52八面玲瓏成功術	陳　羲譯	130元
53如何增進記憶力、集中力	廖松濤譯	130元
54頂尖領導人物	陳蒼杰譯	120元
55性惡企業管理學	陳蒼杰譯	130元
56自我啟發200招	楊鴻儒編著	150元
57做個傑出女職員	劉名揚編著	130元
58靈活的集團營運術	楊鴻儒編著	120元
59必勝交涉強化法	陳蒼杰譯	120元
60個案研究活用法	楊鴻儒編著	130元
61企業教育訓練遊戲	楊鴻儒編著	120元
62管理者的智慧	程　義編譯	130元
63做個佼佼管理者	馬筱莉編譯	130元

⑭智慧型說話技巧	沈永嘉編譯	130元
⑮歌德人生箴言	沈永嘉編譯	150元
⑯活用佛學於經營	松濤弘道著	150元
⑰活用禪學於企業	柯素娥編譯	130元
⑱詭辯的智慧	沈永嘉編譯	130元
⑲幽默詭辯術	廖玉山編譯	130元
⑳拿破崙智慧箴言	柯素娥編譯	130元
㉑自我培育・超越	蕭京凌編譯	150元
㉒深層心理術	多湖輝著	130元
㉓深層語言術	多湖輝著	130元
㉔時間即一切	沈永嘉編譯	130元
㉕自我脫胎換骨	柯素娥譯	150元
㉖贏在起跑點—人才培育鐵則	楊鴻儒編譯	150元
㉗做一枚活棋	李玉瓊編譯	130元
㉘面試成功戰略	柯素娥編譯	130元
㉙自我介紹與社交禮儀	柯素娥編譯	130元
㉚說NO的技巧	廖玉山編譯	130元
㉛瞬間攻破心防法	廖玉山編譯	120元
㉜改變一生的名言	李玉瓊編譯	130元
㉝性格性向創前程	楊鴻儒編譯	130元
㉞訪問行銷新竅門	廖玉山編譯	150元
㉟無所不達的推銷話術	李玉瓊編譯	150元

・處 世 智 慧・ 電腦編號03

①如何改變你自己	陸明編譯	120元
②人性心理陷阱	多湖輝著	90元
④幽默說話術	林振輝編譯	120元
⑤讀書36計	黃柏松編譯	120元
⑥靈感成功術	譚繼山編譯	80元
⑦如何使人對你好感	張文志譯	110元
⑧扭轉一生的五分鐘	黃柏松編譯	100元
⑨知人、知面、知其心	林振輝譯	110元
⑩現代人的詭計	林振輝譯	100元
⑪怎樣突破人性弱點	摩　根著	90元
⑫如何利用你的時間	蘇遠謀譯	80元
⑬口才必勝術	黃柏松編譯	120元
⑭女性的智慧	譚繼山編譯	90元
⑮如何突破孤獨	張文志編譯	80元
⑯人生的體驗	陸明編譯	80元
⑰微笑社交術	張芳明譯	90元

國家圖書館出版品預行編目資料

性格測驗　12　透視你的未來／淺野八郎著
；李鈴秀譯　--初版　--臺北市：大展，民83
面；　公分　--（趣味心理講座；12）
譯自：性格グーム　第12集　あなたの未來が見えてくる
ISBN 957-557-444-3（平裝）
1. 心理測驗
179　83003324

本書原名：性格グーム　第12集
あなたの未來が見えてくる

原発行所：KKベストセラーズ

性格測驗⑫ *透視你的未來*　ISBN 957-557-444-3

原著者／淺野八郎
編譯者／李鈴秀
發行人／蔡森明
出版者／大展出版社有限公司
社址／台北市北投區（石牌）致遠一路二段12巷1號
電話／(02) 28236031・28236033
傳眞／(02) 28272069
郵政劃撥／0166955－1
登記證／局版臺業字第2171號
承印者／國順圖書印刷公司
裝訂／嶸興裝訂有限公司
排版者／千兵企業有限公司
電話／(02) 28812643
初版1刷／1994年（民83年）5月
3刷／1998年（民87年）2月

定價／160元

●本書若有破損缺頁敬請寄回本社更換●

大展好書 好書大展

大展好書 好書大展

87.2.19